上海市幼儿园信息化建设与应用指南（试行）

及标杆园创建应用案例

上海市教育委员会信息中心学前教育信息部　编

复旦大学出版社

图书在版编目(CIP)数据

上海市幼儿园信息化建设与应用指南(试行)及标杆园创建应用案例/上海市教育委员会信息中心学前教育信息部编.—上海:复旦大学出版社,2021.5 (2021.12 重印)
ISBN 978-7-309-15627-0

Ⅰ.①上… Ⅱ.①上… Ⅲ.①信息技术-应用-幼儿园-教育管理-案例-上海 Ⅳ.①G617

中国版本图书馆 CIP 数据核字(2021)第 085421 号

上海市幼儿园信息化建设与应用指南(试行)及标杆园创建应用案例
上海市教育委员会信息中心学前教育信息部 编
责任编辑/谢少卿

复旦大学出版社有限公司出版发行
上海市国权路 579 号 邮编:200433
网址:fupnet@ fudanpress.com http://www.fudanpress.com
门市零售:86-21-65102580 团体订购:86-21-65104505
出版部电话:86-21-65642845
上海四维数字图文有限公司

开本 787×1092 1/16 印张 6 字数 97 千
2021 年 12 月第 1 版第 4 次印刷
印数 8 301—10 400

ISBN 978-7-309-15627-0/G·2237
定价:28.00 元

《上海市幼儿园信息化建设与应用指南（试行）》试用说明

为深入贯彻《中共中央　国务院关于学前教育深化改革规范发展的若干意见》《中共上海市委　上海市人民政府关于推进学前教育深化改革规范发展的实施意见》《上海市教育信息化 2.0 行动计划（2018—2022）》《上海市学前教育三年行动计划（2019—2021 年）》等文件的相关精神，不断提升本市学前教育信息化工作质量，受上海市教育委员会委托，由上海市教育委员会信息中心学前教育信息部牵头，制定《上海市幼儿园信息化建设与应用指南（试行）》（以下简称《信息化指南》）。

《信息化指南》坚持"儿童发展、技术赋能、常态应用、融合创新"原则，以幼儿园"保、教、管"等核心任务为主线，按照园所管理、保教实施、卫生保健、家园社区四个方面的工作需求，提出了上海市幼儿园信息化建设与应用的基本要求和发展要求，以幼儿园信息化应用水平为评价准则，引导幼儿园从信息化基本应用水平逐步发展到综合应用水平、创新应用水平，不断提升信息技术在学前教育发展中的效能。

《信息化指南》适用于本市包括公办园、民办园以及中外合作举办的幼儿园等各级各类幼儿园。试用《信息化指南》，是为上海市所有幼儿园以信息化助推教育现代化提供专业支持。

试用《信息化指南》，首先要完善幼儿园信息化建设、应用要求。市区两级教育行政部门要遵循《信息化指南》的定位与价值取向，逐步提升幼儿园信息化建设、应用水平，在实践中不断拓宽信息技术应用场景，通过市、区、园、家的管理网络，共同保障、协同推进本市学前教育信息化工作，拓展以上海教育信息化总体格局下的"一网一平台、三通多应用"为基础的学前教育信息化体系，有效提升本市幼儿园信息化建设与应用能级。各区教育局要健全区学前教育信息化工作管理体制，建立

"对标发展"的信息化建设与应用工作机制,整合学前教育领域专业机构力量,全面推进区内学前教育信息化基础设施配套与建设、信息化应用培训与支持等工作,对区内幼儿园信息化管理人员、网络环境与设施设备的配备、日常运维的指导、培训与支持,以及幼儿园网络信息安全等进行统一管理。各区教育信息化管理部门应落实长效监督机制,依据《信息化指南》要求确保学前教育信息化工作落实到位。各级各类幼儿园要用好市、区统一提供的信息化平台、服务、资源,建立健全信息化管理制度。

分级开展专题培训是试用《信息化指南》的重要抓手。市、区两级教育行政部门要组织《信息化指南》的解读和培训,引导学前教育行政管理者、教科研人员、幼儿园园长及保教人员充分了解实施《信息化指南》的重要意义、关键要求和价值导向。各幼儿园则应结合办园实际,开展《信息化指南》的园本培训与实践研究,使信息化应用和建设成为提高幼儿园保教质量,促进每位儿童发展的助推器。

把推动《信息化指南》试点园建设作为试用《信息化指南》的举措之一。市教委在全市范围内遴选若干所幼儿园,由市教委信息中心学前教育信息部统一组织,定期开展《信息化指南》使用的试点研究和交流展示,进一步探索《信息化指南》的有效使用方法,梳理有效经验,总结试点成果,并在全市推广。在试点的基础上,推进各级各类幼儿园以儿童发展为本,改进教学策略、管理策略,不断拓宽信息技术应用场景,让信息技术服务于儿童成长与教师专业发展。

上海市教育委员会信息中心学前教育信息部

2021 年 3 月

目　　录

上海市幼儿园信息化建设与应用指南(试行)

上海市教育委员会信息中心

2020 年 12 月

前　言

为适应上海市学前教育事业发展的需要，规范和引领上海市幼儿园信息化建设与应用发展，加强信息技术在幼儿园管理、保教实施、教育科研等方面的有效应用，提高幼儿园保教质量，促进每位儿童的发展，依据《中共中央　国务院关于学前教育深化改革规范发展的若干意见》，以及《上海教育现代化 2035》《上海市教育信息化 2. 0 行动计划（2018—2022）》《上海市学前教育三年行动计划（2019—2021年）》等相关规定与要求，特制定《上海市幼儿园信息化建设与应用指南（试行）》（以下简称"指南"）。

"指南"包括总则、上海学前教育信息化推进思路、幼儿园信息化建设、幼儿园信息化应用、保障措施五个部分。

第一部分　总　　则

（一）本"指南"是上海市幼儿园信息化建设与应用的指导性文件，是上海市各级教育部门和幼儿园推进学前教育信息化发展的重要抓手，是上海市托幼园所等级评估、优质园创建的重要参考依据。

（二）"指南"坚持"儿童发展、技术赋能、常态应用、融合创新"原则，助推上海学前教育"普及普惠、安全优质、多元包容"发展，根据上海市幼儿园信息化建设与应用现状与发展趋势，提出了市区协同的整体推进战略，以幼儿园的"保、教、管"等核心任务为主线，按照园所管理、保教实施、卫生保健、家园社区四个方面的工作需求，引领并推动幼儿园信息化发展。

（三）"指南"提出了上海市幼儿园信息化建设与应用的基础性指标和发展性指标，以幼儿园信息化应用水平为评价准则，引导幼儿园从信息化基本应用水平逐步发展到综合应用水平、创新应用水平，不断提升信息技术在学前教育发展中的效能。

（四）"指南"中幼儿园信息化建设与应用是在上海教育信息化总体规划指导下，以用好"上海学前教育网""园园通管理平台"等市级学前教育信息化应用与服务为抓手，基于统一身份认证，通过"管理通""课程通""家园通"等云应用，满足幼儿园在园所管理、保教实施、卫生保健、家园社区等方面的应用场景和服务需求，按照《上海教育数据管理办法（试行）》归集园所教育数据，提升上海学前教育的政策宣传、教育资讯、培训交流、数据共享、评估支持等信息化服务水平，进一步支撑上海教育信息化"一体化平台、多元化应用"总体架构。

（五）"指南"从制度与机制、人员配备以及数据安全管理等方面提出了上海市幼儿园信息化工作保障措施，明确了各级信息化管理部门的职责和分工，为有效推进"指南"的实施提供保障。

第二部分　上海学前教育信息化推进思路

（一）总体目标

上海学前教育信息化的总体目标是以信息化助推学前教育现代化，坚持"儿童发展、技术赋能、常态应用、融合创新"原则，推进学前教育"普及普惠、安全优质、多元包容"发展。在实践中不断拓宽信息技术应用场景，通过市、区、园、家的管理网络，共同保障、协同推进本市学前教育信息化工作，形成涵盖政策宣传、教育资讯、培训交流、数据共享、评估支持等各项服务的上海学前教育信息化总体格局，以集约化平台服务为先导，以园所整体应用为核心，有效提升本市幼儿园信息化建设与应用能级。通过互联互通、信息共享、业务协同，逐步完成市区两级教育服务整合，实现教育服务"一网通办"。具体目标是：

1. 建设目标

优化幼儿园的基础网络、硬件设施和应用软件，推进各级各类幼儿园的数字校园建设。逐步规范信息系统建设，根据"一网通办"的"六个统一"原则，按照《上海教育数据管理办法（试行）》统一数据标准，完善基于"园园通"的学前教育信息化公共平台与服务体系。

2. 应用目标

强化实践应用，以幼儿园信息化应用水平为评价准则，根据幼儿园信息化建设与应用的各项指标，提升信息技术在园所管理、保教实施、卫生保健、家园社区等工作中的应用水平，逐步从基本应用水平发展到综合应用水平、创新应用水平。

基本应用水平是幼儿园能够从园所实际需要出发,常态化应用信息技术进行教育教学和园所管理,有意识地推动课程方案、保教实施和教师行为的调整改进。

综合应用水平是幼儿园能够从园所实际需要出发,常态化应用信息技术进行教育教学和园所管理,有效采集各类教育数据,进行数据分析,整体推动课程方案、保教实施和教师行为的调整改进。

创新应用水平是幼儿园能够从日常工作需要和特色发展出发,创新幼儿园教育教学与园所管理模式,大范围精准采集各类教育数据,有效推动课程方案、保教实施和教师行为的调整改进,实现精准管理、科学保教。

(二)推进原则

1. 市区协同 统筹推进

加强本市学前教育信息化工作的规划与组织领导,充分发挥引领和导向作用,依托上海学前教育信息化总体架构,统筹推进本市学前教育信息化建设与应用。

在上海市教育委员会(以下简称"市教委")顶层设计与统筹指导下,由上海市教委信息中心负责制定推进策略和标准规范,指导上海市教委信息中心学前教育信息部(以下简称"学前教育信息部")等部门组织推进学前教育信息化落地实施,通过研讨会和经验交流会等方式,开展"指南"的培训工作;遴选幼儿园信息化建设与应用优秀案例,采用经验交流和现场观摩的方式进行经验推广与普及;针对各级各类学前教育机构的改革发展需要和各区发展实际,加强工作指导和统筹协调。

各区教育局健全区学前教育信息化工作管理体制,建立"对标发展"的信息化建设与应用工作机制,整合学前教育领域专业机构力量,全面推进区内学前教育信息化基础设施配套与建设、信息化应用培训与推进工作,对区内幼儿园信息化管理人员、网络环境与设施设备的配备、日常运维的指导、培训与支持,以及幼儿园网络与信息数据安全等进行统一管理。

幼儿园应用好市、区统一提供的信息化平台、服务、资源,避免低水平重复建设,并建立健全信息化管理制度。

2. 理顺机制　强化监督

理顺学前教育信息化管理机制，强化信息技术在学前教育相关业务领域的赋能作用。建立跨部门合作机制，探索建立高效便捷的学前教育信息化基础支撑服务体系。

市级教育信息化管理部门负责指导学前教育信息化的规范建设，协调各类学前教育相关应用纳入学前教育信息化生态圈的总体架构工作，引导"指南"的应用示范和经验推广。

各区教育信息化管理部门负责落实长效监督机制，应依据"指南"要求确保学前教育信息化工作落实到位。

3. 多元投入　完善保障

市、区应优化教育支出结构，将幼儿园信息化建设经费纳入年度预算，形成常态化的学前教育信息化经费投入保障及监管机制。充分发挥政府和市场多方作用，为推进学前教育信息化提供良好的政策环境和发展空间。积极鼓励行业、企业参与学前教育信息化建设，提供优质的信息化产品和服务。

（三）总体架构

上海学前教育网秉承"搭建信息化平台、提供学前教育一站式服务"的建设初衷与"共建共享"的建设理念，密切关注时代发展与技术进步，坚持以研究带动应用、以应用推进学前教育现代化发展。经过20多年的发展，结合市委、市政府近年来关于网站整合、政务信息系统整合的要求，形成了上海教育信息化整体格局下的学前教育信息化"一网一平台、三通多应用"总体架构。

"一网一平台"即上海学前教育网、园园通管理平台。"上海学前教育网"传递国内外学前教育最新信息、倡导学前教育最新理念、提供学前教育服务、为上海学前教育改革和发展提供资讯服务。"园园通管理平台"采用集约化的建设方式，面向全市园所、家庭、社区、社会四大领域用户群，满足幼儿园在园所管理、保教实施、卫生保健、家园社区等方面的基本应用需求，实现托幼机构保育、教育、管理业务全覆盖。

"三通多应用"即"管理通""课程通""家园通"及多种云应用。

"管理通"实现机构信息管理、入园信息登记管理、幼儿在园信息管理、教职工管理、卫生保健管理、园所办公管理等功能,覆盖幼儿园核心的日常管理需求。管理数据"伴随"教师和托幼机构的日常业务工作而产生,为幼儿园保教质量监测提供依据。

"课程通"具备学前教育资源库、在线协同备课、在线教研三大核心功能,实现本市学前教育课程资源的共建共享,支持教师的教育教学与专业成长。

"家园通"以移动互动平台的形式,提供园所主页建站系统、园所相册、家园交流、家园论坛、幼儿成长档案等家园共育功能,为本市各级各类幼儿园及家长提供服务。

"多应用"基于园园通的学前教育信息化公共平台与服务体系,以云服务模式为本市各级各类幼儿园及家长提供服务。各区教育管理部门和幼儿园可在原有工作基础上提出业务需求,进行功能拓展,创新工作模式,发展常态化应用;通过统一数据标准完成伴随式动态采集数据资源的整合,推动全市的有序开放与共享,促进学前教育现代化发展。

第三部分 幼儿园信息化建设

幼儿园应在市、区教育信息化管理部门的统筹安排和指导下，从网络条件、硬件设施和应用软件三个方面，推动数字校园整体建设。

（一）网络条件

1. 基础性指标

（1）幼儿园应使用市、区教育信息化管理部门统一提供的教育云网资源，提高信息安全性，降低购置和维护成本。

（2）幼儿园应合理规划园内网络信息点分布，采用千兆主干以太网，确保教师办公场所和幼儿主要活动场所实现有线网络全覆盖，并千兆接入市或区教育城域网，满足快捷的教育专网与互联网访问需求以及园所间高带宽应用需求。

2. 发展性指标

（1）幼儿园实现无线网络全覆盖。幼儿园无线网络的建设应与上海教育认证中心学前教育子域或区统一身份认证系统进行对接，以提供安全可靠的接入认证，实现园所共享优质资源和高质量的无线漫游服务。条件成熟的幼儿园可建设 5G 教育专网试点取代无线网络，实现幼儿园全覆盖，并通过 5G 认证确保所属 5G 终端可随时随地安全高效访问园所资源。

（2）幼儿园根据管理的实际需要，应用 5G、RF、蓝牙、二维码、传感器等信息传输、识别、采集技术，科学有序地推动园所物联网建设。

（二）硬件设施

1. 基础性指标

（1）幼儿园应按照国家与上海市相关要求建设安防系统。在园所出入口、走廊、操场、食堂、幼儿活动用房（卫生间、喂奶室除外）、幼儿晨检室（厅）、保健观察室、值班室、门卫室等公共活动和集体活动区域安装安全防控设备，做好网络巡查，提高幼儿园技术防范水平。

（2）幼儿园应配备便捷的门禁设备，自动记录幼儿来、离园信息；应配备智能化晨检设备，无感采集、自动记录、动态监测幼儿的身体健康状况。实现幼儿考勤和晨检数据自动记录，实时预警，提高园所安全与卫生保健管理效率。

（3）幼儿园应配备相应标准和数量的台式电脑、笔记本电脑、移动终端、打印机、复印机、扫描仪、数码相机、高清摄像机、视频展示台等，满足教职工信息化办公和保教工作的实际需要。

（4）幼儿园应配备相应标准和数量的平板电脑、一体机、电子白板、智能互动桌等移动终端，满足教师和幼儿开展个别化活动、小组活动和集体活动的需求。

（5）活动室应配置相应标准和数量的观察记录设备（如摄像机、录音笔、平板电脑等）、交互式多媒体设备（如电子白板、触摸屏、体感设备等）和幼儿自主学习探究设备（如供幼儿自主操作的录音、录像、拍照设备以及电子显微镜等实验设备等），满足幼儿园课程实施和幼儿一日活动的需要。

2. 发展性指标

（1）幼儿园可结合实际情况，在条件允许的情况下，扩大安全技术防范设施覆盖范围，可在幼儿室内外活动区域、服务管理用房安装紧急报警装置，可在变电、供水泵房等重要设备机房、财务出纳室、档案室等重要行政用房的出入口安装安全防控设备。

（2）幼儿园可充分利用市、区视频会议系统或第三方视频会议系统，通过配置电脑、摄像头、话筒等相应设备，保障园所多方会议及在线培训的进行。

（3）幼儿园可探索利用物联网设备，基于自动化记录数据观察分析幼儿在生活、运动、游戏、学习等各类活动中的发展情况。

（4）幼儿园可探索利用物联网、人工智能等新技术，建设符合幼儿学习与发展特点、满足幼儿探索与体验需求的智慧活动环境，配备数字化玩教具，发展幼儿的思维能力和动手操作能力。

（5）幼儿园可根据本园的教育发展特色，积极研究探索支持幼儿发展的专用设备，实现硬件支持记录幼儿活动过程表现、反馈幼儿活动情况、教师及时调整活动方案的需求。

（三）应用软件

1. 基础性指标

（1）幼儿园应按市、区要求，以云服务模式使用市、区统一提供的业务信息化应用，实现全市教育数据的归集与共享。其中入园幼儿信息登记、在园幼儿管理、园本课程实施支持等核心业务由市级教育管理部门统一建设；幼儿园招生录取等区域业务由区级教育管理部门统一建设。

（2）幼儿园应统一配备各类正版教学与办公软件，包括电脑操作系统、办公软件、杀毒软件、课件制作软件、教学活动互动软件等，保证教师能常态、有序、高效地开展案头工作及教学实践。

（3）幼儿园应对接使用上海教育认证中心学前子域或区认证子域进行身份认证。

2. 发展性指标

（1）幼儿园可按市级学前教育资源建设标准，挖掘具有自身特色的数字化园本课程资源，经审核后统一纳入市级资源共享目录。

（2）幼儿园可根据本园实际需求，创新应用市级教育管理和家园共育信息化系统。若园所自身有平台开发的需求，应向上级管理部门申请，实现平台共建共享，提升园所管理和服务水平。

（3）幼儿园可根据本园的教育发展特色，积极研究发掘支持幼儿发展的应用软件，实现软件支持幼儿活动过程表现分析与反馈、教师及时调整活动方案的需求。

第四部分　幼儿园信息化应用

幼儿园信息化应用包括园所管理、保教实施、卫生保健与家园社区四个方面。幼儿园应依托市、区、园、家互联互通的"园园通"管理平台所提供的各类应用服务，满足本园的信息化应用需求。

（一）园所管理

幼儿园应充分运用"管理通"，实现园所信息公开、入园信息登记管理、在园幼儿信息管理、教职工管理、保教管理、园务办公管理等多方面的管理需求。

场景应用设想 1

1. 基础性指标

（1）幼儿园应使用"管理通"的门户网站群系统搭建本园门户网站，按照国家信息公开目录要求，实现园所介绍、招生收费、每周菜谱等信息的网上公示，并定期更新，保障园所信息的公开透明。

（2）幼儿园应按市级教育行政部门的管理要求，通过"管理通"进行入园信息登记和在线报名招生管理，并及时、准确上报园所机构信息、办园条件信息、在园幼儿及家庭信息，保证信息畅通，实现招生工作系统化、标准化。

（3）幼儿园应根据本市幼儿园办园质量管理的相关要求，汇总梳理各类文本档案资料，并将电子文档及时上传到"管理通"或园所云网盘中，保障电子档案归档的规范性、及时性与安全性。

2. 发展性指标

（1）幼儿园可根据自身需求和实际情况，利用社交平台、社交软件等新媒体，进行园所信息公开。

（2）幼儿园可运用市、区信息化平台，安全管理平台，财务平台，实现日常办公业务的规范化、精细化管理，包括幼儿园绩效管理、玩教具管理、财务管理、资产管理、课程资源管理、幼儿一日生活管理、教科研管理、教师网络研修管理、园所安全管理等，逐步实现园所管理的数字化转型，保证信息流转通畅，以提升规范化管理水平和管理效率。

（3）幼儿园可创新实践，探索园所管理的信息化应用新模式，动态收集、汇总和分析办园条件、课程实施、幼儿发展等状况，实施园本保教质量监控，不断提升园所科学管理决策水平。

（二）保教实施

幼儿园在保教实施过程中，应发挥"课程通"所提供的学前教育资源库在线协同备课和在线教研等功能的支持作用，发挥教师的主观能动性和有效运用信息化设备的能力，提升保教实施成效。

场景应用设想 2

1. 基础性指标

（1）幼儿园应充分利用"课程通"提供的线上备课模板，合理调取平台的优质课程资源，应用多种线上编辑功能实现独立或合作备课，提升备课质量与效率。

（2）幼儿园应重视提升教师的信息技术应用能力，要求教师能正确操作常用办公软件、应用多媒体软件处理媒体信息、制作基本的活动课件；能用好"课程通"等平台的信息化教学工具和在线课程资源支持教育教学工作；能科学设计、实施信息技术与健康、语言、社会、科学和艺术领域的融合教育活动，发挥信息技术在保教实施中的功效。

（3）幼儿园应合理安排信息技术支持下的课程活动，注意减少幼儿不必要的屏幕暴露时间，选用符合儿童身心发展特点的网络资源。

（4）幼儿园应广泛应用线上线下多种教研模式，充分运用市、区提供的教研空间、网络会议等线上培训平台开展教师专业技能培训，充分利用互联网、大数据等信息技术了解培训需求、配备优质课程资源、创新培训模式方法、检测培训效果、优化在线培训设计等，充分发挥网络学习空间的作用，提升师资培训的质量与成效。同时，通过信息化手段实现教研、培训全程记录和文件自动归档。

2. 发展性指标

（1）幼儿园可依托市、区平台创新应用方式，建设具有本园课程特色的数字化课程资源，以"共建共享"模式丰富和优化"课程通"的各类课程资源，提升优质数字化课程资源的使用效益。

（2）幼儿园可运用"课程通"备课工具和在线资源，创新在线教育形式，开展线上线下融合式的教育活动，提升在线教育水平，为传统的幼儿教育活动赋能。

（3）幼儿园可根据幼儿的年龄特点、发展需要，引导幼儿认识并尝试使用适宜的信息化设备、软件，指导幼儿科学合理使用电子产品，开展符合幼儿认知能力的自主学习活动，培养幼儿信息化环境下良好的学习和用眼卫生习惯，发挥信息技术在园本课程实施中的积极作用。

（4）幼儿园可采用适宜的信息化工具，实现教育活动全过程、无感式和伴随性的数据采集（如活动轨迹、活动时长、情绪情感、参与状态、学习习惯等），并利用语音识别等技术实现师幼互动场景资源的自动化存储和分类，支持教师对幼儿活动情况的观察与分析。

（5）幼儿园可借助物联网、大数据和人工智能等技术，在数据授权使用的前提下开展幼儿在认知、情感、态度和行为等多方面的发展研究，实现基于大数据的多维度综合性的智能化分析与评价，并根据评价结果为幼儿提供个性化教育方案。结合研究情况将课题研究过程和成果融入到园所保教工作中。

（三）卫生保健

幼儿园的卫生保健工作应发挥"园园通"管理平台的数据管理功能，积极运用智能化设备完成幼儿园每日晨检、全日健康观察、体质

场景应用设想3

监测、膳食配餐、卫生消毒、疾病预防控制等方面的工作,保障幼儿健康成长。

1. 基础性指标

(1)幼儿园应利用市级"因病缺课缺勤登记"功能或健康管理平台有效落实每日晨检与全日观察工作,并及时上报异常情况,确保带班教师、保健老师、园长第一时间了解全班、全园幼儿的出勤情况与缺勤原因。

(2)幼儿园应根据儿童卫生保健要求,借助"园园通"管理平台的保健管理功能或第三方保健管理平台制定带量食谱,自动进行膳食平衡调整和膳费等管理,每月根据幼儿出勤数据自动进行幼儿营养膳食分析,以便及时采取有效调整措施。

(3)幼儿园应运用信息化手段,结合儿童发育、营养、心理等学科领域知识,科学分析本园幼儿健康数据,基于分析结果指导保健员、班级保教人员和家长合作共育。

2. 发展性指标

(1)幼儿园可探索应用智能化晨检设备、远程无感体温筛查和健康管理平台等信息化手段,实现幼儿晨检数据的自动采集与上传,保证数据的互联互通,提升园所晨检工作的效率和科学性,提升疾病防控的能力。

(2)幼儿园可根据传染病防控制度,探索建立园所传染病自动监测、预警系统,运用信息技术统计分析幼儿因病缺勤和疾病症状等信息,设定预警标准,实现幼儿园传染病的早期发现和及时处置。

(3)幼儿园可根据卫生消毒工作要求规范,探索应用自动卫生消毒等系统,及时精准做好各场所、区域的消毒、记录和管理,优化卫生消毒的流程,实现卫生保健工作的精细化管理。

(4)幼儿园可利用信息化手段,联合医学专业人员,通过为有特殊照料需要的幼儿建立专项个人电子档案、定期在线会议等方式制定并实施个案矫治计划,形成跟踪矫治记录,实现幼儿健康的个性化管理。

(5)幼儿园可探索幼儿运动、情绪、睡眠等各类健康数据的自动采集技术和方式,并利用"管理通""家园通"等平台,拓展幼儿健康电子档案,开展多源数据融合分析,参照数据分析结果,指导幼儿保健工作。

（四）家园社区

幼儿园应有效运用"家园通"移动端等家园共育平台开展家园社区工作,积极了解家长的育儿需求与困惑,开展多种形式的线上交流活动,共同促进幼儿的发展。

1. 基础性指标

（1）幼儿园应用好"家园通"移动端、"育之有道"、"上海学前教育网微信"等应用支持家长科学育儿,向家长传递实时的幼儿教育资讯、科学的育儿理念和优质的亲子互动资源,宣传防病和保健知识,指导防病和保健方法。

（2）幼儿园应通过"家园通"等移动端进行家园联系、合作共育,及时、有效与家长交流幼儿在园活动内容及健康、情绪、行为等状况,主动向家长了解幼儿在家的多方面表现,实现家园信息互通和深度合作。

（3）幼儿园应利用在线调研问卷等信息化手段,定期征求家长和社区的意见和建议,根据调研结果做相应的改进和完善。

2. 发展性指标

（1）幼儿园可基于"家园通"等家园互动平台创新拓展应用场景,引导家长参与线上育儿交流和协作,共同收集幼儿成长信息（如幼儿作品、活动照片、幼儿评价表和相关文字记录等）,建立富有个性的幼儿电子成长档案,呈现幼儿成长的发展历程、发展水平和发展特点,减轻教师家园沟通的负担,提升家园合作效率。在家园共同关注幼儿成长的过程中,协同商议支持策略,支持幼儿个性化发展。

（2）幼儿园可利用市、区教育信息化管理部门提供的直播系统和视频会议系统等,开展多种形式的专题讲座、小组互动、班本化活动等各类家长沙龙,提高家长参与育儿培训的便捷度。利用信息技术,构建家长参与幼儿园课程与管理的统筹协调机制,提高家园双向互动效率。

第五部分　保障措施

本市幼儿园应依据"指南"要求,将保障措施落实到位。

（一）制度与机制

1. 幼儿园应将教育信息化工作纳入园所发展规划,将教育信息化工作经费纳入年度预算。

2. 幼儿园应建立健全信息化安全管理制度,成立信息化与网络安全工作小组,贯彻信息化安全园长责任制,切实落实责任,做到领导到位、责任到位、措施到位。

3. 幼儿园应建立健全信息化运行维护管理制度,定期开展对相关信息系统和设备的安全检查、评估和加固工作,确保园所信息化系统和设备安全、正常运行。

4. 幼儿园应完善针对信息安全重大事件的应急处置机制。依托区统筹组织应急救援专家、服务团队、区域性运行监测服务以及相关应急资源。制定应急预案和操作指南,定期开展应急演练,做好应急处置的各项准备工作。

（二）人员配备

1. 幼儿园应设有信息管理人员岗位,配备专（兼）职人员负责园所信息化工作管理与执行。

2. 幼儿园信息化专（兼）职人员应参加市、区教育信息化管理部门统一组织的岗前培训。每学年至少参加一次市、区教育信息化管理部门的信息技术能力和信息安全培训。

3. 幼儿园应建立教师信息技术应用的培训机制，制定培训计划和方案，提供符合本园教师发展需求的信息技术培训资源，每学期至少开展一次园本信息技术应用能力培训，帮助教师解决教育教学中信息技术运用的实际问题，提高教师信息素养。

4. 幼儿园教师应达到国家（或上海市）对于教师信息技术应用能力的要求，能有效应用信息技术开展保教工作。

（三）数据安全管理

1. 幼儿园应高度重视在园幼儿、家长和教职工等个人信息数据的安全管理，按照《上海教育数据管理办法（试行）》建立数据采集与应用的管理制度，确保相关数据采集与应用规范合理。

2. 幼儿园如需自建信息化系统或购买信息化服务，应选择安全资质高的第三方技术单位参与信息系统建设或提供信息化载体，幼儿园负责并加强对信息系统建设的安全监管，并按要求与承建单位签订数据安全保密协议。各级各类教育单位及其工作人员（含第三方技术单位）不得泄露、出售或者非法向他人提供履行职责过程中知悉的个人信息、隐私和商业秘密等数据。

上海市教育委员会办公室　　　　　　　　2021 年 1 月 13 日印发

上海市幼儿园信息化建设与应用标杆园创建应用案例

1. 上海市浦东新区西门幼儿园信息化建设与应用标杆园创建计划

上海市浦东新区西门幼儿园为上海市浦东新区示范幼儿园，园内现有四个校区——川北、广厦、妙境和妙川，共 32 个班级。它坚持"育人为本、慧技融合、快乐探究、和谐发展"的办园理念，以"让每个孩子成为主角、让每个孩子亲历探究、让每个孩子获得发展"为教育主张，打造多元、开放、有利于快乐探究的学习空间。

一、西门智慧幼儿园建设目标

西门幼儿园以"培育核心素养、打造智慧校园、争创市示范园"为四年发展规划目标，结合"快乐探究"特色课程，其智慧幼儿园建设项目总体目标为：通过建设四大智慧空间、形成师生数字画像、健全统一数字平台三个方面，创建智慧化的校园工作、学习和生活一体化环境，建成一个"安全、稳定、互动、融合"的智慧校园，为每个幼儿提供最适合的教育。具体目标如下：

1. 以游戏模式快乐探究为主旨，建设四大智慧空间，增强幼儿自主学习与创造力

幼儿园利用信息化技术开展游戏模式的教学，通过项目建设的智慧生活、智慧运动、智慧阅读、智慧探究四大智慧空间（如图 1），让幼儿主动融入幼儿园的教学与生活中，以正确的教学模式促进幼儿情感、态度、能力、知识、技能等方面的发展。

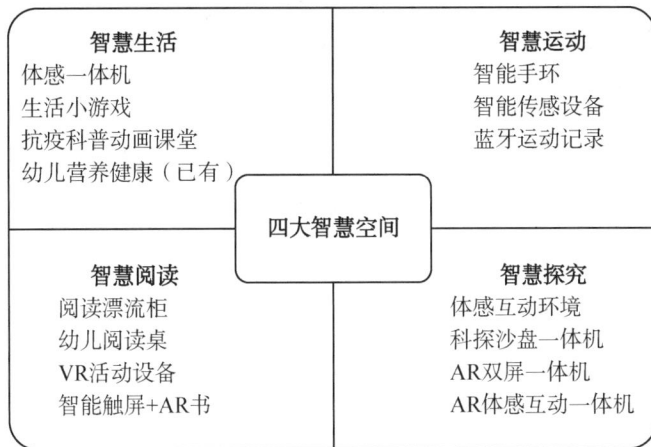

图1　四大智慧空间示意图

智慧生活
体感一体机
生活小游戏
抗疫科普动画课堂
幼儿营养健康（已有）

智慧运动
智能手环
智能传感设备
蓝牙运动记录

四大智慧空间

智慧阅读
阅读漂流柜
幼儿阅读桌
VR活动设备
智能触屏+AR书

智慧探究
体感互动环境
科探沙盘一体机
AR双屏一体机
AR体感互动一体机

2. 应用指标数据量化积累，形成师生数字画像，服务师生个性化发展

以幼儿园的"快乐探究"体系及《3—6岁儿童学习与发展指南》为依据梳理形成一套完整的符合上海市规范又具有幼儿园特色的评价指标体系。通过数据建模形成幼儿学习成长记录数据仓库，可视化呈现幼儿数字画像，为幼儿发展提供数据参照及发展评价服务。

围绕教师在专业理念与师德、专业知识、专业能力三个维度，建设教师综合评价系统，提供内容支撑。通过系统分析，构建教师在三个维度的综合模型，实时进行数据挖掘和分析，形成每位教师个性化的数字画像，提升教师的信息素养、应用水平和精准教育实践能力，为教师发展规划提供帮助。

3. 整合各类资源，健全统一数字平台，提升管理效能

将原有软件系统、硬件设备资源优化重组，在新技术运用和最底层基础平台的推动下，构建一个统一园所基础数据、管理的数字平台，为四大空间、数字画像等提供基础数据支撑。同时，将处在"战国时代"的教育和学习资源更好地整合，并创新探索教育和学习方式，发挥网络教育和人工智能的优势，形成服务园所整体管理与运营的一站式服务平台。

4. 建设基于5G的智慧校园物联网

通过搭建NB-IoT窄带蜂窝物联网，串联学校的各个智慧物联系统，包括智能

手环、蓝牙网关、智慧区角、环境监测、互动展示屏、人脸识别闸机等设备,构架本园一体化、安全、高可用、弹性可伸缩的校园网络基础设施;实现校园内有线、无线及5G网络全覆盖,提供泛在接入和泛在信息服务,在提供个性化和精细化服务的同时,提升园所智能化环境的实效性、稳定性、安全性。

二、西门智慧幼儿园建设思路

西门幼儿园将原有软件系统、硬件设备资源进行加工改造(如图2),在运用新

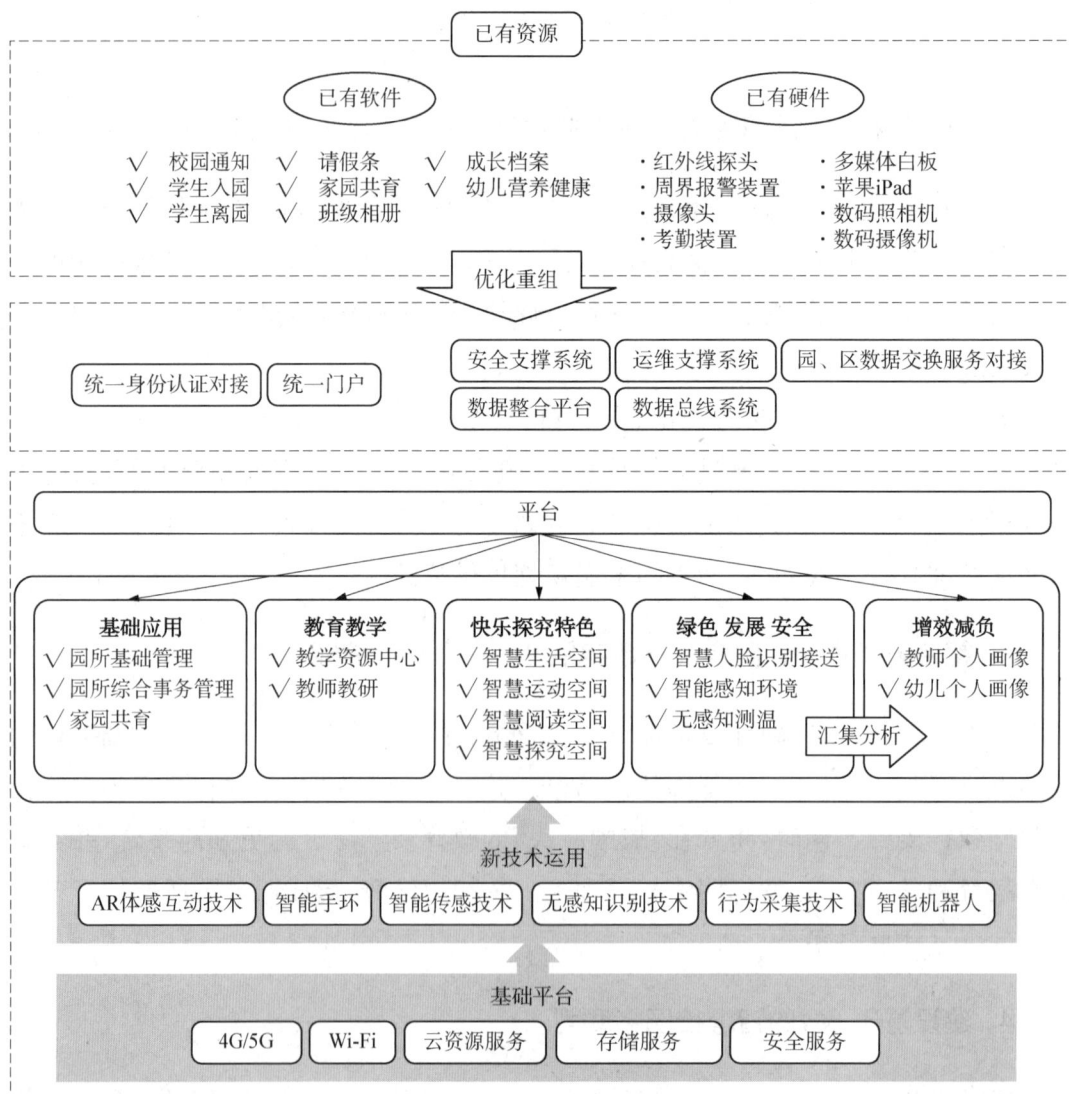

图2 整体建设思路示意图

技术及最底层的基础平台推动下，构建统一管理的数字平台，遵循"教育的主导性、技术的先进性、应用的简便性、信息的安全性、模式的推广性"指导思想，以绿色、发展、安全和育人为本为宗旨，优化与提升幼儿园以快乐探究特色课程为核心的应用体系，通过应用体系的常态化应用，落实上述指导思想，真正实现园所各项工作的增效减负。

三、西门智慧幼儿园建设内容

西门幼儿园以基础数据支撑（如图 3），以园所应用模块、园所快乐探究课程、5G 园所物联网设备、设施联动形成大系统平台。

1. 基础数据支撑

通过"大平台"消除信息孤岛和应用孤岛，建成完整统一、技术先进，覆盖全面、应用深入、高效稳定、安全可靠的智慧校园；建立校级统一信息系统，实现部门间流程通畅，可平稳过渡到新一代技术，实施校园的各项服务管理工作，为广大教职工提供无所不在的一站式服务。

数据分析模块将支持建立数据治理和运营平台中的统一的数据标准体系，能够充分利用教育部及上海市教委和区教育局等相关的标准，对各类数据进行统一的标准化改造，在平台中形成单一的对数据的理解视图，并且能够借助统一的标准化数据定义，帮助实现数据质量的监控和提升。

2. 园所应用模块开发

（1）基础应用

● 园所基础信息管理

基础信息管理通过园所管理、信息管理整体维护幼儿园师生信息，对每一个模块各个权限的使用进行预设，是可以将整个系统维系起来的基础模块。

● 园所综合事务管理

园所综合事务管理应用，利用信息化手段协助教师高效地完成日常事务，对幼儿园进行统一的精细化管理。

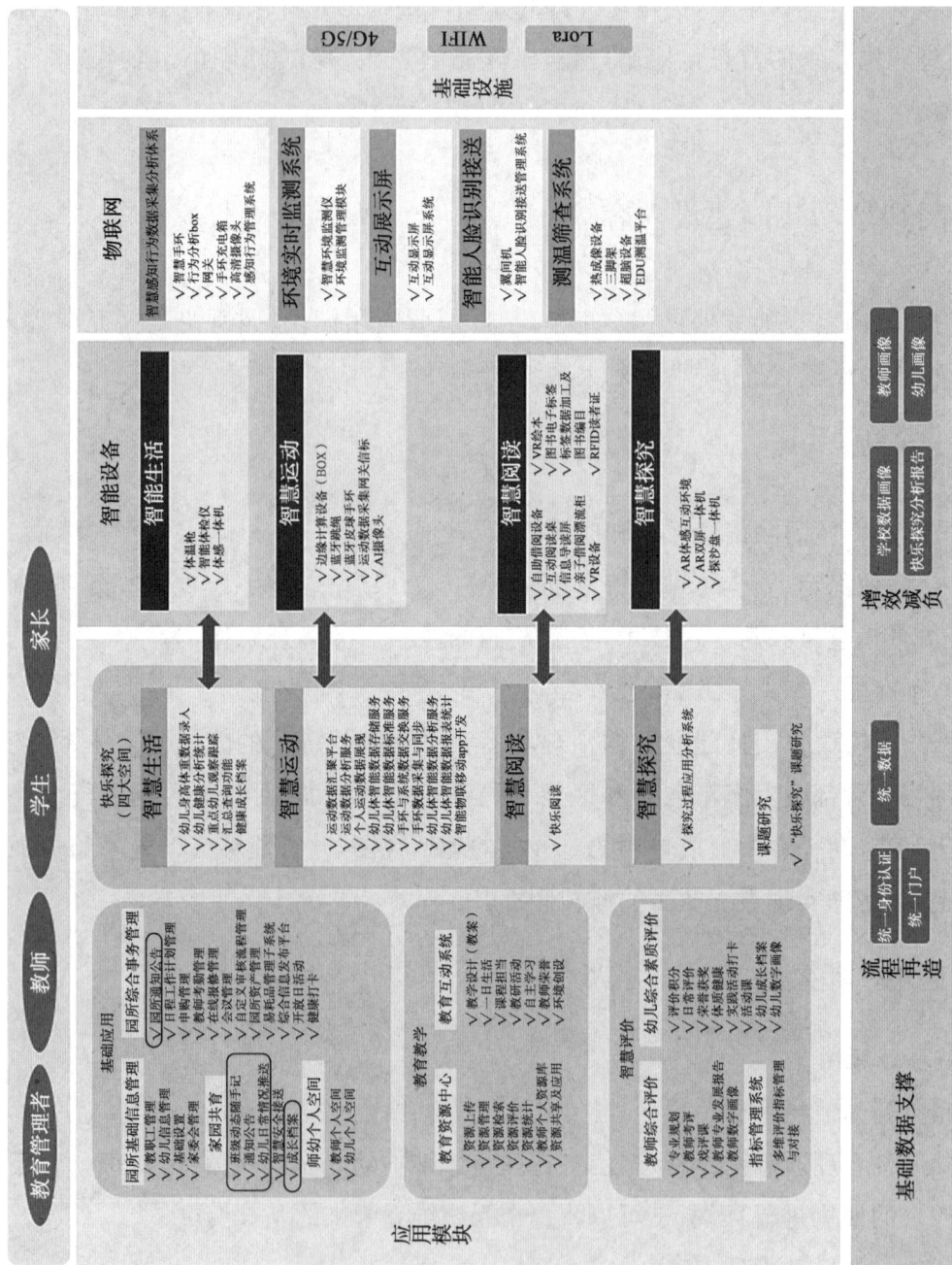

图 3 厦门智慧幼儿园总体架构图

*圈出文字为幼儿园已建内容

- 家园共育

信息发布与互动模块功能方便教师与家长、家长与家长之间的交流;班级动态模块可供家长在班级范围内共享幼儿校外生活、实践等记录,并可关联幼儿评价标准,所有数据将汇总至幼儿个人画像中;幼儿个人日常表现、健康情况、出勤数据等与成长档案模块实时向家长推送各类信息、成长分析报告等内容,实现家校信息零时差;智慧安全接送与考勤子系统能够有效利用人脸识别、无感考勤等智能技术协助园所完成每日幼儿入园离园的工作。

- 师幼个人空间

师幼个人空间集合系统内所有信息,教师进入该页面后可进行园所日常工作、教学与科研、班级管理事务的处理;幼儿个人空间与家长手机 App 关联,家长登录 App 后可查看所有系统中发布的信息等。

(2) 教育教学

- 教育资源中心

资源门户的建设,以网络学习空间为中心,针对师生实际需求,实现优秀资源的动态整合、共建共享与优化配置,形成与一日活动相配套的、动态更新的教育资源服务体系。

- 教育互动系统

制定教师专业发展规划,以时间轴的方式记录教师发展历程,满足教师各方面的教育教研工作。各模块中产出的教学资源可在园内共享并进入资源中心,并对教师教研行为轨迹进行保存,作为教师考评的重要依据,同时也是教师画像的重要数据来源。

3. 园所快乐探究课程建设

(1) 智慧生活

依据《3—6 岁儿童学习与发展指南》,建设数字多媒体生活室,为幼儿创设促进其成长的生活空间和内容,以安全丰富的生活场景、操作材料供幼儿模拟和体验,培养幼儿良好的生活习惯和基本生活能力,通过数字化软硬件对幼儿的成长过程进行记录、采集、分析,及时捕捉幼儿成长轨迹中的精准数据,为幼儿数字画像的形成提供数据支持。

（2）智慧运动

室内运动馆建设分为硬软项目、业务融合、数据贯通三个阶段。通过手环、数据采集网关，实现幼儿运动数据实时监测，用运动时长、运动消耗、运动心跳及血压等客观数据，描绘幼儿在运动中的情况。同时利用蓝牙技术自动获取幼儿部分运动项目的成绩数据，减轻教师日常运动测试的数据采集压力。

（3）智慧阅读

打造智慧幼儿阅读及信息浏览学习的空间，利用智慧图书室体系、VR全景以及AR技术，形成一个内容丰富又充满趣味的智慧环境（如图4），同时，通过开放漂流书柜借阅，支持亲子阅读，形成"软硬件主导，家校联动"的局面。在幼儿的阅读过程中及时采集包括阅读习惯、阅读兴趣、阅读能力在内的相关数据。为有效支持幼儿发展提供数据支持。这种环境能够满足幼儿在传统阅读与智慧交互阅读中获取知识、培养良好学习习惯、激发对学习的兴趣。

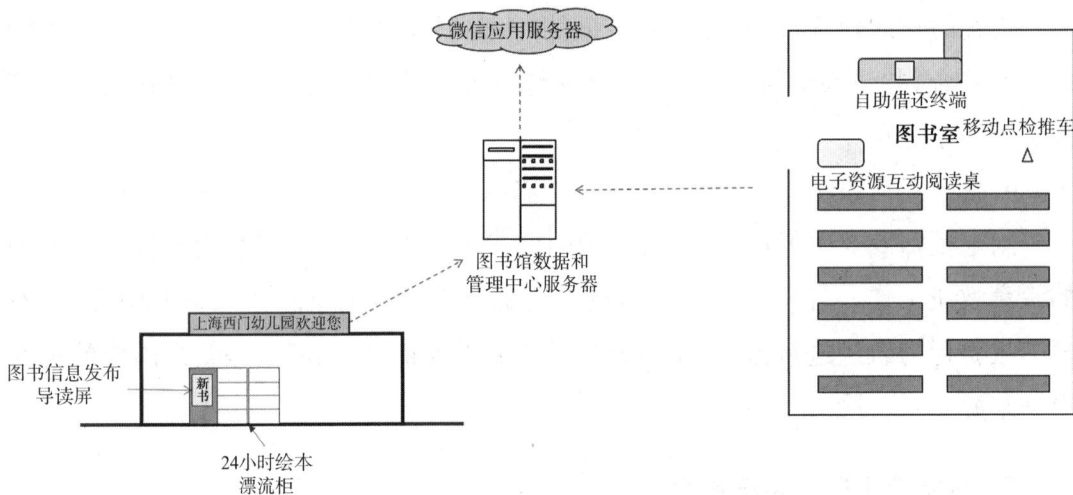

图4　智慧阅读空间

（4）智慧探究

根据西门幼儿园办园特色，建设数字多媒体科学探究室，为幼儿创造更多的探究内容和空间，通过智能硬件对幼儿探究过程进行记录和分析。

● 基于数字多媒体技术的科学探究室。利用实体沙盘、光影交互、虚拟现实、增强现实、数字多媒体等各类技术，配套对应的数字课件，激发幼儿对科学探究的兴趣,并促进幼儿积极主动探索。

● 基于监控设备、手环感知设备的自动采集系统。配合数字多媒体探究室开发的智能分析系统,捕捉幼儿探究过程中在探究兴趣、探究能力、思维品质方面的评价指标数据,自动完成幼儿数字画像的数据收集。

4. 智慧感知行为数据采集分析体系

通过智能手环、蓝牙网关、AI摄像头对幼儿的生理数据、行为轨迹、情绪数据进行采集,依据"数据抽取→数据探索与预处理→建模与应用"的方式,通过8个数据:即活动强度、活动范围、活动消耗、活动烈度、HRV(心率变异性)、睡眠质量、体重和身高,构建幼儿大数据模型。

建设智能安全管理系统,利用计算机、物联网、手环蓝牙识别与无线通信技术,实现校园安全、家校沟通、信息采集、校园信息化等多种校园应用。实时反馈幼儿出入门、在校考勤等日常管理,打造园所、家长、幼儿之间方便快捷、实时沟通的教育信息互动模式。

5. 智慧评价

(1) 教师综合评价

教师画像的采集依据主要以《幼儿园教师专业标准》以及幼儿园制定的教师专业发展目标为主。围绕教师在专业理念与师德、专业知识、专业能力三个维度,建设教师综合评价系统,提供内容支撑。通过系统分析,构建教师在三个维度的综合模型(如图5),实时进行数据挖掘和分析,形成每位教师个性化的数字画像,提升教师的信息素养、应用水平和精准教育实践能力,为教师发展规划提供帮助。

在教师综合评价体系中融入教师教育教研系统,以记录教学活动中的过程为主,抓取教师过程行为。从三个不同的维度进行数据采集(如图6)。根据所采集的信息进行数据比对获得数据标签,从而进行反馈评价,为教师提供有针对性和个性化的建议和调整内容,明确自身的专业发展目标,为提高教师教育教学能力的发展提供服务,从而形成此方面的教师数字画像。

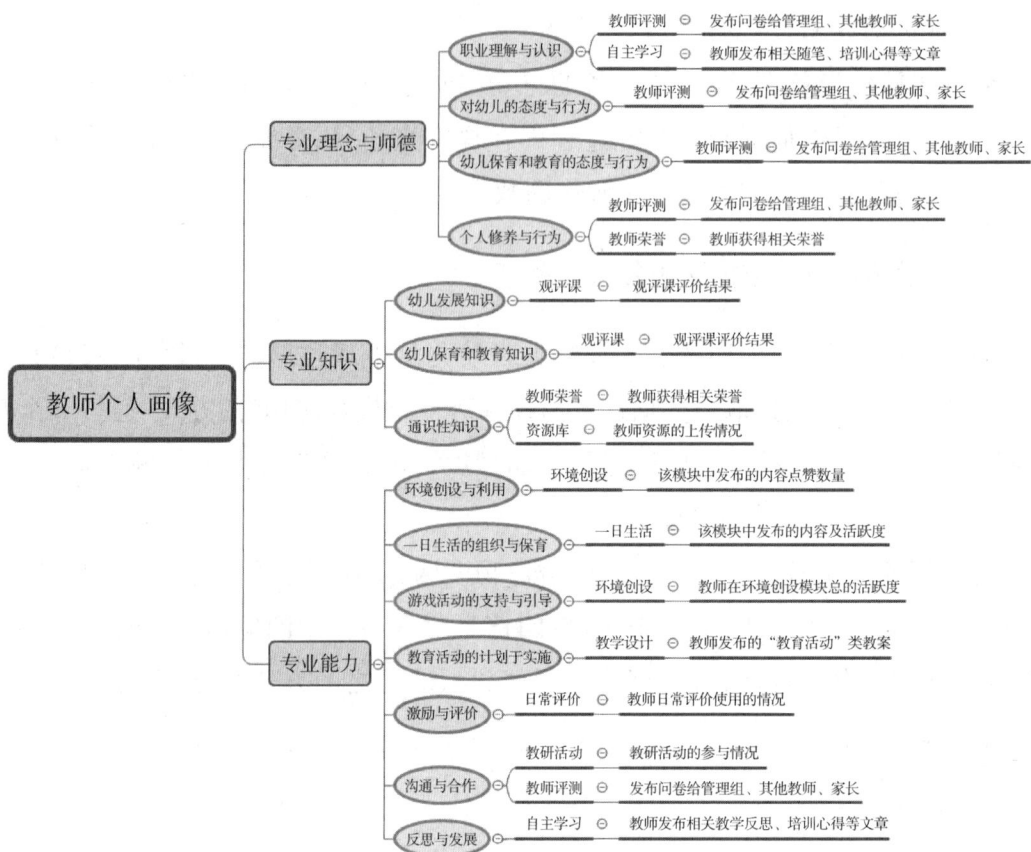

图 5　教师画像构成

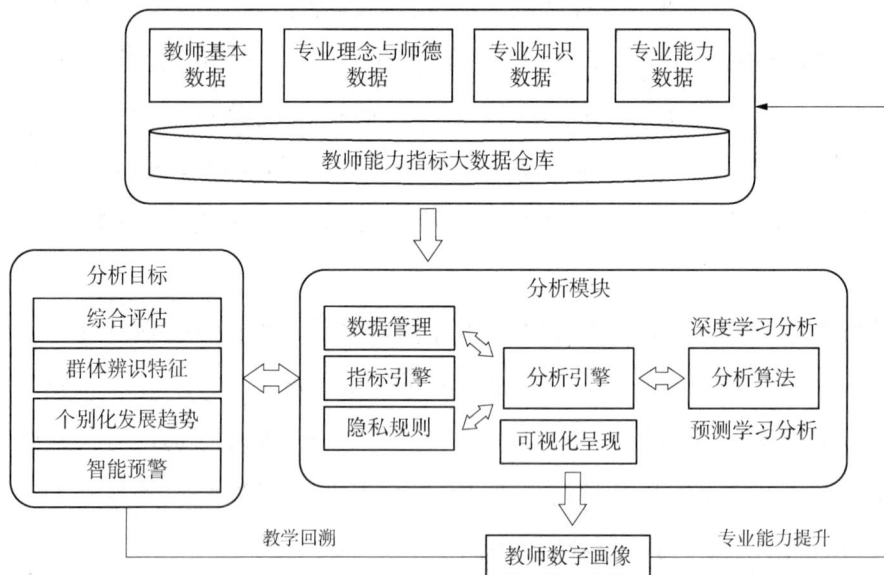

图 6　教师数字画像实现流程

（2）幼儿综合素质评价

基于日常教学实践,以办园特色为核心,项目围绕"智慧生活""智慧运动""智慧阅读""智慧探究"四大智慧空间,从各维度进行幼儿数字画像建模。通过系统中各模块对幼儿的各项表现记录的积累,形成每个幼儿的个性化数字画像(如图7)。

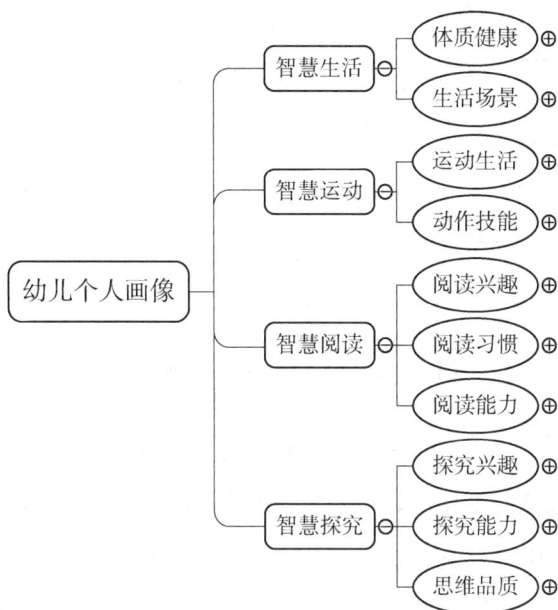

图 7　幼儿个人数字画像构成

通过幼儿园的评价指标体系与系统中的各类评价模块、体质健康、游戏设备、物联设备的软硬件结合,实现各类幼儿发展数据汇集(如图8)。通过数据建模进一步挖掘并完成幼儿数字画像的输出,为幼儿发展提供数据参照及发展评价服务。

6. 5G 园所物联网建设

（1）园所网络建设

对学校现有网络进行改造升级,网络延伸至每个教室,在全园范围内实现园所的 5G 无线网络全覆盖、物联网覆盖,并配置统一运维管理软件,确保校园网络安全及稳定运行。

（2）NB-IoT 物联建设

通过部署 NB-IoT 窄带蜂窝物联网,上与服务商平台连接,下在四大智慧空

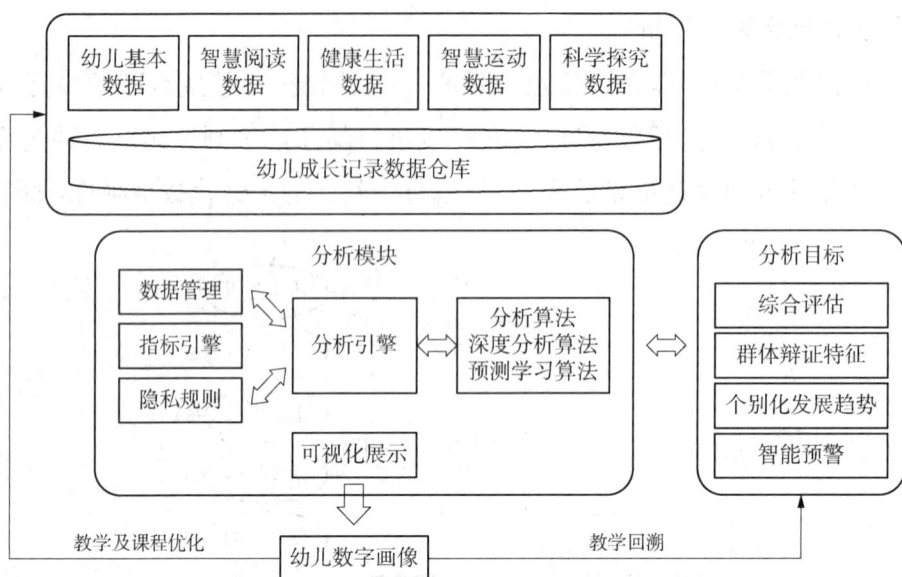

图8 幼儿个人数字画像实现流程

间、园所各教室、室外、进出口处广泛部署物联网网关,汇聚园所物联网数据,管理物联网设备,构成物联网云平台,实现数据汇聚,能力开放,终端管理等功能,并与基础支撑数据平台对接,实现数据互通(如图9)。搭建基于 NB–IoT 的窄带物联网设备管控平台,整合人像数据(底库)、智能校园应用功能综合管理平台、AI 智能识别平台、电子班牌系统。物联网主要实现以下功能:

● 幼儿园安全维护,为园所出入、幼儿在园情况提供实时跟踪异常情况报警;

● 为幼儿画像提供相关的动作数据、位置数据、体质健康数据等;

● 幼儿园环境质量监控,提供园所实时的空气质量、温湿度等环境数据。

充分发挥 NB–IoT 低功耗、稳定、易于扩展的特性,对设备进行统一管理,智能联动,实现全方位监管,将传统校园打造成绿色校园、平安校园、健康校园。

智能安全管理系统利用计算机、物联网、手环蓝牙识别与 5G 通信技术,实现校园安全、家校沟通、信息采集、校园信息化等多种校园应用。实时反馈幼儿出入门、在校考勤等日常管理,打造园所、家长、幼儿方便快捷、实时沟通的教育信息互动模式。

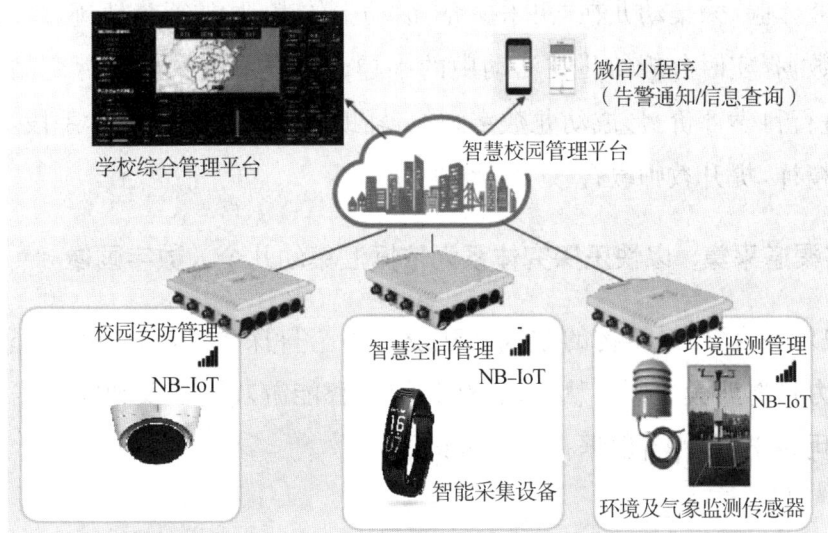

图 9　NB–IoT 物联应用拓扑图

四、西门智慧幼儿园特色创新——四大智慧空间

1. 系统开发的基础既符合上海市规范又具有本园特色

西门幼儿园以《3–6 岁儿童学习与发展指南》《上海市学前教育课程指南》和《上海市幼儿园信息化建设与应用指南（试行）》为依据，以探究为活动方式，利用幼儿园周边有益资源，开发形成了一套操作性较强、适合本园幼儿发展的特色课程——"快乐探究课程"。其核心体系主要分为"智慧阅读""智慧运动""健康生活""科学探究"四个大类，在幼儿的生活、运动、阅读、探究活动中，让幼儿于充分自主、开放、新奇、生动的环境中与材料互动，使其在尊重、理解、赏识和激励的氛围中学习探究、获得经验，从而达到让幼儿体验成功、激发学习兴趣的目的。西门幼儿园的智慧系统根据这一课程的分类体系，梳理出一套完整的幼儿评价指标体系，其所产生的评价结果将作为幼儿个人画像形成的主要依据。

2. 智能设备引入活动室

结合先进的投影互动设备、动作跟踪采集等智能设备，为幼儿提供丰富的数字多媒体探究体验,采集幼儿在"快乐探究"活动中的表现,如行为轨迹、游戏表现、游戏次数等数据,实时分析幼儿在活动中的兴趣、专注度、持久度等探究品质与探究水平,并进行科学评价,形成幼儿数字画像,辅助教师调整教育教学手段,培养幼儿科学探究精神,提升教师教育教学实践能力。

3. 多渠道采集,以快乐探究体系为依据汇集幼儿个人数字画像

在"快乐探究"体系架构的主线下建设了多个科探教室,每个教室都有各自的主题。着力打造四大主题智慧活动空间,加入智能游戏设备及智能数据采集设备让幼儿在玩中学习,评价数据在玩中被记录。

2. 上海市静安区安庆幼儿园信息化建设与应用标杆园创建计划

上海市静安区安庆幼儿园是上海市首批市级示范性幼儿园。目前共有三泉、平顺两个园部，共 18 个班级，553 名幼儿，96 名教职工。作为上海市首轮及第二轮上海市数字化创新实验基地园，静安区安庆幼儿园始终关注信息赋能"智慧校园"，以"发现、理解、支持"为核心理念，聚焦信息技术与教育教学融合创新发展，推进教学变革，满足幼儿个性化成长需求。

一、安庆智慧幼儿园建设目标

安庆幼儿园围绕"每一位幼儿发展"这一根本任务，按照幼儿园四年发展规划，结合前期信息建设基础，围绕"智慧管理""发展评价""个性化支持"三个关键词，规划了未来三年教育信息化应用标杆校的创建目标。它们分别指向了技术支持下的管理、课程研究和幼儿发展，其中技术是把手，管理是方法，评价是导向，最终反哺幼儿的发展，形成满足个性化成长的课程支持，努力打造集智能物联环境下的校园空间、数据整合与应用下的综合评价系统以及个性化教育教学支持于一体的信息化标杆园。

二、安庆智慧幼儿园建设思路

安庆幼儿园在幼儿园课程变革过程中发现以下创建智慧幼儿园的关键要素：

1. 智慧管理：信息技术如何优化并提升园所现代化管理效度。

2. 发展评价：信息技术如何助推并支持教师专业成长。

3. 个性化支持：信息技术如何支持幼儿的个性化学习与发展。

安庆幼儿园围绕以上三个要素，遵循基于预判问题、解决问题的实践路径，在未来三年的标杆校建设中，将始终关注信息技术的教育功能，以"预判、理解、支持"为核心理念，从幼儿、教师和课程三个角度，聚焦信息技术与教育教学融合创新发展，推进虚实融合的教学方式变革，创建路径核心解析（如图1）。

预判	理解	支持
·观察孩子有意义的行为 ·寻找教师的成长轨迹 ·发现课程的生长性	·体验孩子独特的成长经历 ·遵循教师成长的规律 ·理解课程实施的动态性	·满足孩子的个性需求 ·推动教师的专业自觉 ·支持课程的不断优化与完善

图1　智慧幼儿园创建路径

三、安庆智慧幼儿园建设内容

安庆智慧幼儿园由智慧管理、发展评价和个性化支持三个应用平台组成一个智慧信息系统。

（一）智慧管理——加强基础建设，提升管理效度

利用现代信息技术，建设面向校园综合管理的应用平台，实现校园日常管理从传统的管理信息系统向校园虚拟映像发展，应用知识管理、大数据等技术，构建起智能决策、沟通协作和综合管控系统。

1. 信息化环境建设，基础保障，形成智能管理体系

安庆幼儿园将加强信息化环境建设，通过上级部门支持，创建校园环境全态势感知：如智能灯光控制、智能空气调节、智能水质监控、智能垃圾管理、智能消防栓、教学烟感检测、校园食堂燃气泄漏检测、校园水泵水压检测、智能井盖、校园电

路监测、陌生人轨迹等；校园管理全流程闭环：如烟感与视频间联动等，建立园本化基于信息技术的管理保障机制，形成幼儿园技术资源应用管理办法，形成技术支持下的从智能管理的创建到智慧管理的转变（如图2）。

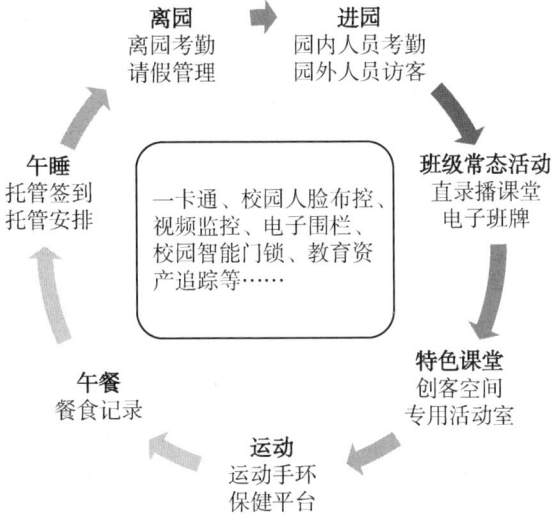

图2 智能管理应用于幼儿一日活动流程图

2. 信息化应用建设，多渠道支持，提升教师信息素养

打破传统培训模式，构建"互联网＋"（教师、课程、研究……）园本研训平台，涵盖信息技术基础素养、技术支持、优化教学的技能、利用智能化工具研究幼儿与课程的能力提升等，以及一系列推动教师信息素养发展的新型学习空间与平台（如图3）。

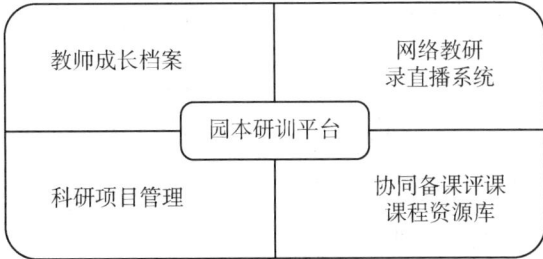

图3 信息技术支持下的研训平台架构图

（二）发展评价——优化两个平台，全面提升保教质量

建设集信息汇集、资源共享、应用整合和综合运营为一体的统一综合评价管理平台，提供数据集成、流程集成、用户界面集成等服务。以国家、市、区的相关数据标准为核心，制定学校的信息化建设评价数据标准，实现校园各部门、各应用系统数据资源的共享，避免重复投资，杜绝信息孤岛，从整体上提升学校信息化建设水平（如图 4）。

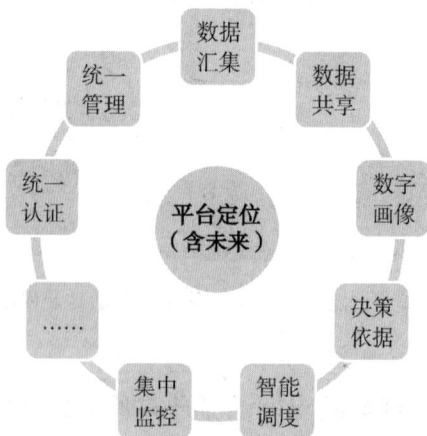

图 4 综合评价管理平台定位

1. "幼儿发展评价平台"的优化，呈现幼儿成长数字画像

在上海市数字化创新实验园"基于评价的幼儿信息化成长档案的研究"项目的推进过程中，幼儿园研发了幼儿发展评价系统，形成了追随幼儿发展的动态的评价方式，使信息技术成为专业评价的有力支撑。

回溯研究历程，我们需要继续探究，比如对评价价值的进一步思考，数据的有效挖掘，以及提高人机耦合自动化评价的运用效能等。

（1）技术优化下的价值呈现

基于园所对幼儿评价的十多年的研究与实践，优化后的平台进一步呈现评价促进幼儿个性化发展的价值。比如，平台的架构要关注多元主体的协同，平台的信

息捕捉要更多整合一日课程的实施,信息采集的渠道和工具需要进一步研发,对平台的整体应用要有专业的指导建议等。

（2）技术优化下的数据采集与分析

• 扩展数据的采集渠道与手段

在原有基础上,整合运动手环、个性化教学具、图书借阅系统、午睡监控、保健平台、幼儿考勤、智能语音、智能摄像头等多元的伴随式、无感知信息采集途径,使平台的信息更完整地呈现儿童的成长轨迹（如图5）。此外,进一步尝试探索脸部识别技术在评价实践中的运用。

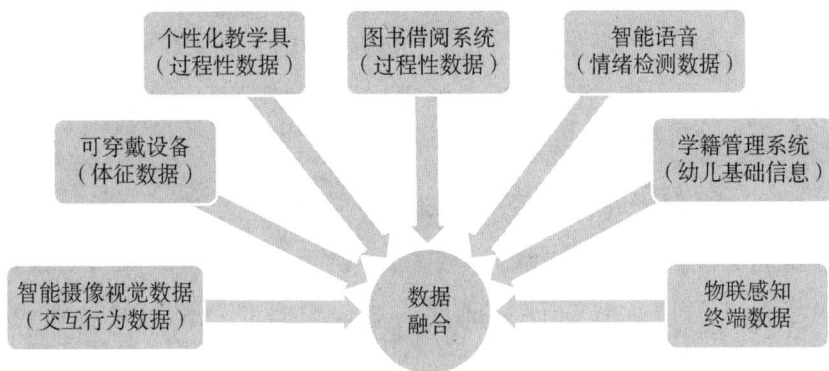

个性化教学具
（过程性数据）
图书借阅系统
（过程性数据）
智能语音
（情绪检测数据）
可穿戴设备
（体征数据）
学籍管理系统
（幼儿基础信息）
智能摄像视觉数据
（交互行为数据）
数据融合
物联感知终端数据

图5 数据采集与融合途径

• 数据报告能呈现幼儿发展的趋势

从技术视域出发,结合教育学、神经科学、心理学、生命科学、运动科学等多学科理论与实践,科学确定拟采集的数据类型及数据标准,研发构成幼儿"数字画像"的数据体系。通过提高平台信息、数据收集与分析的效率,让数据能自动处理和生成,呈现幼儿发展的过程和发展趋势,使得评价效度和信度提升的同时,也为有需求的幼儿提供个性化教育支持提供了科学的证据。

2. "教师课程评价平台"的优化,推动教师专业自觉

课程的质量和教师的专业程度密不可分。技术支持下的教师专业成长数据给课程执行和优化提供了方向。幼儿园在课程领导力项目下也初步研发了"教师课程评价平台",我们将进一步进行创建与优化。

（1）评什么——教师课程评价体系的架构

课程评价体系的架构解决了评什么的问题。课程评价的体系要与课程质量提升有效整合，我们将从以下两个角度规划该课程评价体系。

首先，课程评价应与教师日常教育行为并行。依据一日课程推进的要素，基于即将出台的《上海市幼儿园保教质量评价指引》基本的框架和指标，分为"课程设计与反思""环境创设与资源利用""专业素养与研究""课程实施自我反思"四个版块。其次，课程评价应与教师专业成长同步。我们拟在研究中呈现表现水平及举例的课程评价内容，从程度式的评价转换为典型举例的表征，让教师能理解。

（2）谁来评——课程评价体系的主体

课程评价的实践将突破课程评价监控的难题，以促进教师专业自觉为导向，教师是课程执行的主体，也应是课程评价的主体，通过评价自主自觉地关注自我教育行为，能促使其反思课程执行的品质。

（3）怎么评——课程评价体系的实践

教师与课程评价小组通过"课程实施—评价反馈—反思调整"的推进机制，在每月定期开放的平台上进行自评与他评。基于数据的分析形成教师成长综合报告，给予建议并作出发展的预判。依托评价体系和数据的整合，呈现教师专业成长的轨迹，而基于专业自觉的课程评价更能促进幼儿园保教质量的进一步提升（如图6）。

（三） 个性化支持——创建"A&T 未来课堂"，关注幼儿个性化学习

1. 构建满足幼儿自主学习的虚实结合学习环境

拟创设"A&T 未来课堂"，构建虚拟与现实融合的学习环境，关注幼儿自主学习，提供数据，分析幼儿当下的行为，支持幼儿学习需求。

——智能学习环境与学具：提供各类智能的个性化学具，如智能黑板、智能教学桌、机器人互动、AR 体验区等。在生动的交互体验中，让幼儿快乐学习。

——数据采集：利用面部识别技术进行智能识别和情绪计算，通过云服务器采集幼儿学习与发展数据。

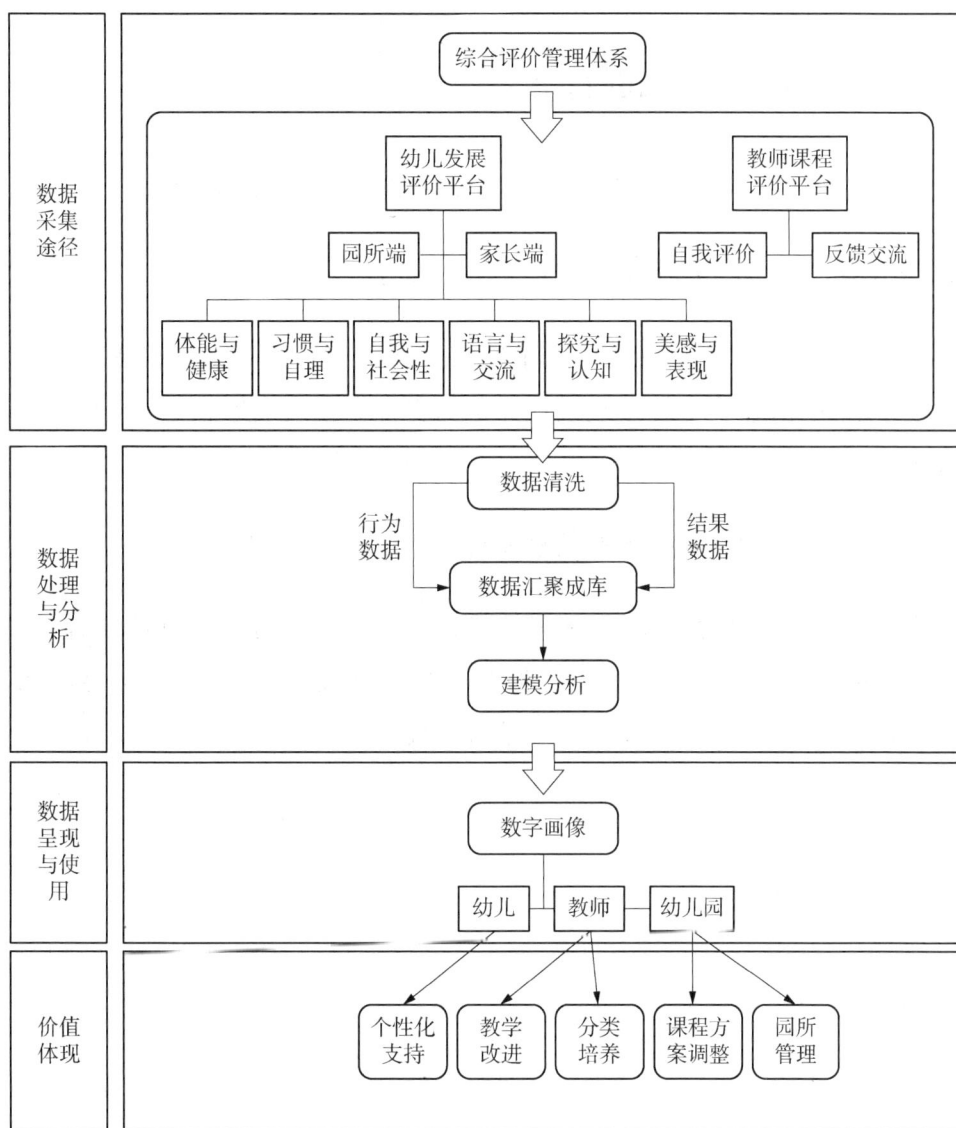

图6 综合评价管理体系架构

2. 提供依据数据分析"自适应"的学习资源

云服务器数据分析。通过物联设备和信息化系统伴随式的数据采集、轻量化的教学具辅助,综合性的呈现与关联分析,期望数据处理信息能相对精准分析幼儿学习与发展的现状,具有自适应的功能,比如,依据数据自动推送适合幼儿学习和游戏的内容,实现真正意义上的因材施教,从而达到个性化的学习支持。

四、安庆智慧幼儿园特色创新

安庆幼儿园的创建思路和内容在以下两方面有所创新和突破：

1. 管理创新：幼儿园教学质量综合评价体系

架构以"评价"为核心的支持幼儿个性化发展与教师专业发展的教育教学评价综合管理体系，用信息技术的方式呈现评价的实证和过程，使评价从源头到判断更有据可循。

2. 机制突破：以循证为核心的技术支持下的质量优化

在技术支持下的评价手段，将更多碎片化的教育信息进行归并和整合，形成各类幼儿个性化成长、课程优化的证据，促使教师调整教育行为，提供满足幼儿需求的支持策略，再通过课程实施验证支持是否有效。

3. 上海市徐汇区科技幼儿园信息化建设与应用标杆园创建计划

上海市徐汇区科技幼儿园是上海市实验性示范性幼儿园,也是全国第一所以幼儿科学启蒙教育为特色的幼儿园。园所坚持"只因幼儿而改变"的办园理念,目前共有 3 个园区、26 个班级,800 多名幼儿。

一、科技智慧幼儿园建设目标

科技幼儿园围绕"只因幼儿而改变"的办园理念,聚焦幼儿个性培育与发展,在健康运动、游戏学习、家园共育、园所管理这四大领域,寻求信息技术与教育实践的融合、突破与创新,旨在打造一个园所、家庭、社会相互连通的开放场景,形成人、资源、空间为一体的教育生态环境,以顺应幼儿的天性和本真,让每个幼儿在玩中"发现"自己的兴趣所在和生活的美好,激发"好奇、好问、好学、好动",成就健康乐群、善于发现、勇于表达、全面和谐发展的有个性的现代儿童。

二、科技智慧幼儿园建设思路

科技幼儿园聚焦幼儿培育过程中核心素养的提升,以健康安全、游戏学习、家园社会、运筹管理四个主题研究如何支撑幼儿发展为出发点,通过信息技术的应用与融合解决不同教育场景中遇到的瓶颈与难点,包括数据的采集、应用和决策分析,内容的生产、选择和使用,教育情境的创新、模式的突破、资源的配套和工具的支持等,形成一套基于幼儿发展管理的信息化应用与决策方法论,即围绕幼儿发展的总体目标,细化各个主题下的发展要求和研究路径,建立多元化的教育场景,通过智能空间、感知设备、多媒体资源、信息化应用模块的支持解决研究过程中的四个主要问题(如图1)。

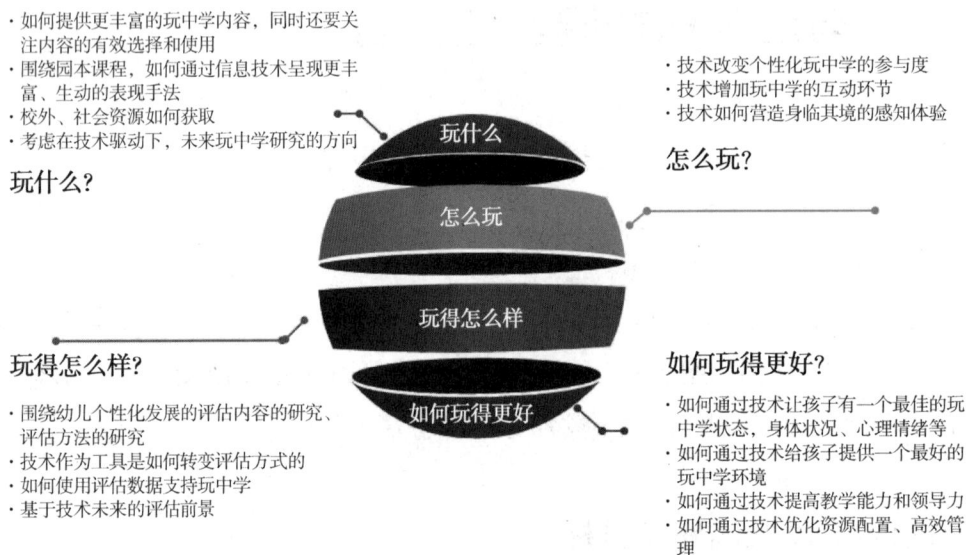

图1 基于幼儿发展管理的信息化应用与决策方法论

三、科技智慧幼儿园建设内容

科技幼儿园以基于幼儿发展管理的信息化应用与决策方法论为指导,结合园所日常工作和管理现状,将围绕健康稳定的校园生态环境、乐·玩一体的教育场景、家·校联动的开放平台、管·办协同的服务体系全面开展建设(如图2)。

(一)健康与安全: 关注身心健康,打造安全稳定的校园生态环境

在信息技术的支撑下,关注幼儿的健康指数、心理发展和饮食营养,以及与幼儿游戏学习、活动、休息相关的环境安全,打造一个稳定的校园生态环境,让家长放心。

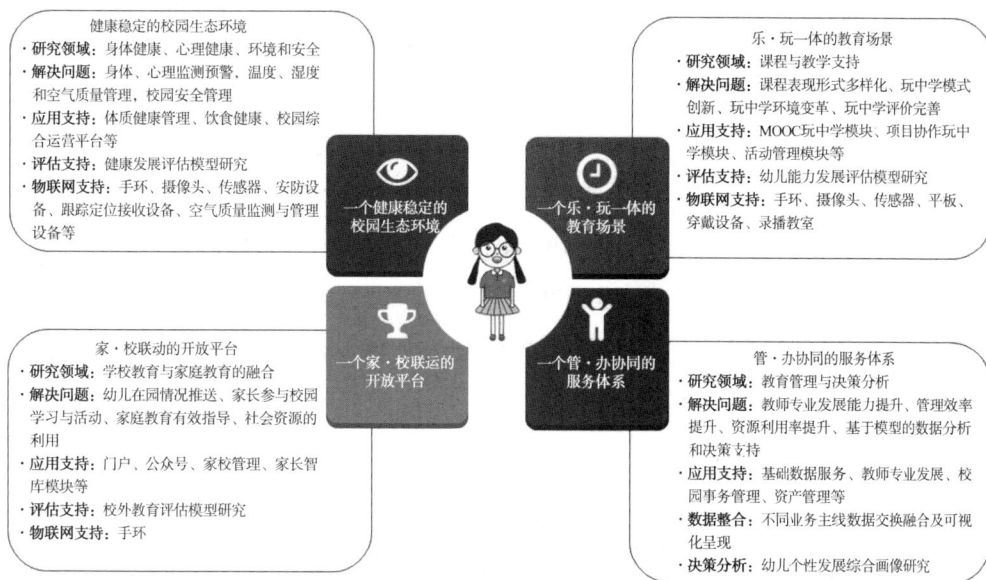

图 2　围绕幼儿个性化发展管理的整体结构

1. 身体健康管理

关注幼儿的身体健康,包含日常体征、休息睡眠、运动机能和饮食健康。以幼儿体质监测平台为载体,根据医学评估的指标对身高、体重、五官、体温、尿检、心脏和传染病进行日常监测和预判,并对可能产生的异常情况以不同形式进行提醒。根据智能手环的监测将幼儿的睡眠时间、心跳、运动步数等数据直接关联到平台,与医学评估中的指标进行测量对比,通过健康体质模型的分析,关注幼儿的运动机能与生长发育的关系,综合汇总生成每个幼儿的身体总体情况,在饮食健康管理平台中制定个性化的餐饮搭配,对每一个幼儿的营养均衡实现管理,同时还要兼顾食品安全、监管食品及相关原材料的供应。

2. 心理健康管理

通过人脸识别摄像头、视频结构化等技术进行数据的"伴随式"和"即时式"采集,经过行为表情模型的数据分析,将幼儿行为和情绪量化为数据,可以清晰地发现幼儿心理健康问题(如兴趣不足、效率低、表情消极等),进一步分析其内在的心理状态,基于主客观的综合评价,实现对幼儿心理健康的把控。以权威的数据量表为依据,借助教师在日常工作中的行为记录,实现对幼儿个体心理的综合分析。

3. 环境与安全管理

基于幼儿在园的一日生活,打造一个安全、健康、绿色的空间环境。构建空间的智能化管控系统,通过智能控制策略实现灯光、空气净化器、空调等设备的自动化启停、调档运行、报警等功能,达到智慧净化、绿色管理的目标。如通过安装高精度环境传感器,能够实时感知空气中的 PM2.5、二氧化碳、甲醛、TVOC、温度、湿度、亮度等相关数据;通过智能水质监测盒帮助校园对饮用水与使用水进行实时监测等。

关注幼儿的行为轨迹并构建安全预警系统,实时监测预警意外伤害。通过智能手环或者手表定位位置防止幼儿走失,同时,感知区域人流情况,避免人流过多,秩序混乱,造成意外伤害;对于陌生群体,通过智能门禁进行有效阻拦,同时有效跟踪陌生人在园内的活动轨迹,保障幼儿的人身安全。

(二)游戏与学习: 关注园本特色,打造乐·玩一体的教育场景

围绕玩＋特色课程,制定切实可行的小目标:创造一项小发明、认识两位科学家、体验三项新技术、玩转四个博物馆、精读五套科普书、玩转六大主题月。在此目标引导的教育场景下,信息技术将助力课程内容的研发、玩中学的模式创新、玩中学的环境变革和玩中学的过程管理(如图3)。

1. 课程内容的研发

聚焦幼儿发展的五大领域:健康、语言、社会、科学、艺术,科技幼儿园的课程研究经历了感性积累、理性梳理、丰富整合和科学统整的发展阶段,形成了创造与发明、认识科学家、了解新技术、阅读科普读物、玩转博物馆等一系列探究课程的主题,通过网络平台开发在线课程,设计更多的展现形式,如视频、VR、AR 等给孩子更直观的体验。同时打造学习资源整合的大平台,将网络教学资源系统整合到一个统一的系统之中,利用资源平台、资源应用、资源管理的功能有效整合优质资源,体系化系统资源,整合本地资源和第三方资源,并通过有效的资源运营机制,实现

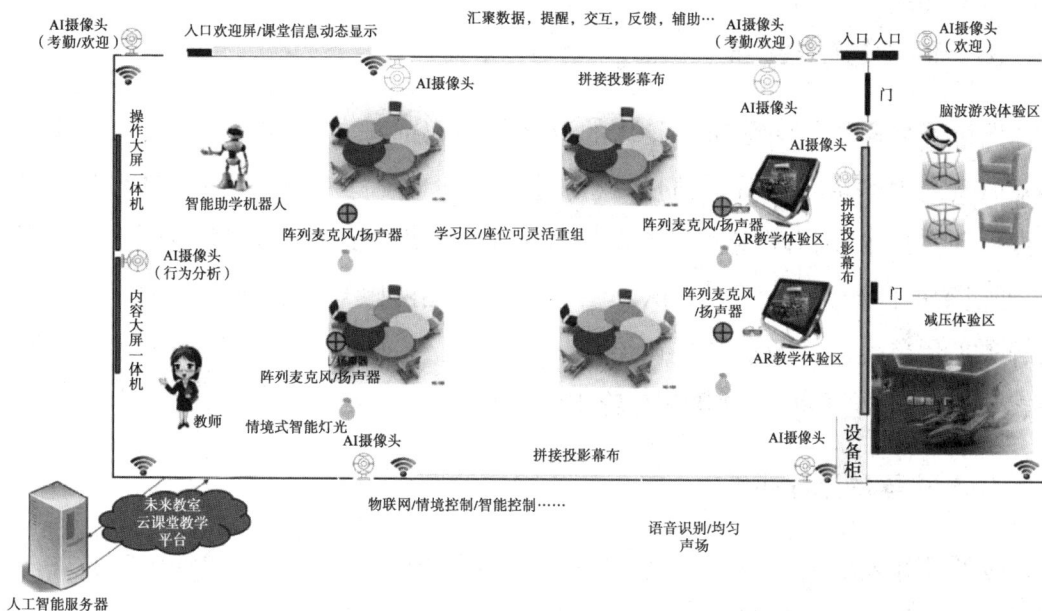

图3 乐·玩一体的教育场景

资源均衡配置与深度共享,支持创新教学与教研、创建具有园本特色的信息化教学环境。在不断研发园本课程的同时,学习和借鉴更有价值的外部课程,形成优质资源的共享和辐射。

2. 玩中学的模式创新

从幼儿发展的角度,在内涵方面对"好奇、好问、好学、好动"的特色培养目标进行丰富,注重幼儿创新素养、批判性思维和人文素养的培养,在玩与学的过程中创设更有趣的环节——讲故事、小组讨论、互评等。一方面以在线课程为抓手,配套MOOC玩中学平台,突破了空间、时间、对象的限制,教师在学校指导,家长在家中指导,学校教育和家庭教育融合,家长和幼儿共同玩,共同学习,共同完成任务目标,同时基于 MOOC 玩中学平台的支持,可以记录幼儿的玩中学行为习惯,通过课程的选择分析幼儿的学习兴趣等,实现对多方对象的互动评价,课程内容的反馈评价等;另一方面以园本特色科技探究为主题,结合现有的 STEM 学习模式,实现项目式协作玩中学平台的支持,为幼儿的探究实践提供多种可能,记录幼儿的研究过程,同时家长也能够积极地参与进来,让整个项目学习增添了多样化和发散性的空间,也让家长能亲身感受到和孩子一起探索研究的快乐。

3. 玩中学的环境变革

围绕着多样化的课程和多元化的游戏与学习的方式,在沟通表达、探究创造、感知欣赏能力的培养方面,我们希望通过玩中学环境的变革激发幼儿的兴趣。基于虚拟现实技术模拟现实教学资源和场景,给幼儿营造更加生动、逼真的学习场景,通过智能感知设备、观察与识别工具增强幼儿的感知体验,让幼儿对于知识的理解更加形象生动。场景的突破与变化比空洞抽象的说教更具说服力,主动地去探索与互动,也会和被动地观看有着质的差别。

4. 玩中学的过程评价

按照幼儿发展的学习目标、研究过程性探究的评价指标、生成评价工具,一方面在玩中学探究的各个环节中寻找与指标对应的可量化的数据,确认数据采集的路径或方法,例如在线课程的选择、学习所花费的时间、任务的完成情况等;另一方面在游戏与学习探究的各个环节增强对幼儿的主观评价,最终形成基于幼儿玩中学探究的综合评价和个性化培养进程。

(三)家园与社会: 关注校外教育,打造家·校联动的开放平台

借助信息化平台搭建一座学校-家庭-社会无缝沟通的桥梁,集成一切可汇聚的社会资源,打造家·校联动的开放平台,让家长更多地了解幼儿在园所的情况,让家长更多地参与到园所的学习与活动中来。借助平台指导家长如何正确地引导幼儿,增加家长之间互动交流的机会,开拓社会化的学习和活动场景,让幼儿更早地适应社会、融入社会。

1. 家校沟通

建设家校互动管理平台,推送幼儿日常在园所的总体情况,如身体状态、安全情况、学习情况、活动参与情况等,搭建家长协作参与的管理载体,让家长能够及时了解并参与学校组织的相关活动;联通园所-家庭一体化的教育场景,一方面指导家长在家中如何与幼儿相处,另一方面将学校的学习探究和活动实践延展到每一

个家庭内部,记录和反馈幼儿在家学习协作的情况,第二天在学校反馈,形成幼儿教育的闭环。

2. 家校智库

以信息化平台作为载体,采集与学校相关的人员信息:家长的职业、优势特长和社会资源等,"驻校科学家"信息,即科学、工程、技术、数学、信息、生物等领域的专业工程师及团队,服务于学校的各类活动和学习探究。

3. 社会实践基地资源管理

基于走出校园、迈向社会的活动场景需求,构建实践基地资源管理平台,整合社会、科学、艺术等领域的社会实践基地,主要指科技馆、博物馆、文化馆、少儿营地等,实现社会资源共享。

（四）运筹与管理： 关注支持分析，打造管·办协同的服务体系

秉承科技幼儿园的核心理念"只因幼儿而改变",为了给幼儿营造更好的学习氛围,更好地实现全面发展的培育目标,除了在内容、资源和空间做出改变之外,还需要关注运筹和管理的支持,通过信息技术与教育管理的融合创新提升教师的教学能力,提升园所的管理能力和管理效率,统筹整合可量化有价值的数据,为幼儿个性培育发展提供决策支持,打造管办协同的服务体系。

1. 校园精细管理

基于学习、活动需求的支持与辅助,利用信息应用管理平台使教育管理工作规范、有序,利用工作流引擎实现园所内部事务的流程管理,形成一个虚拟网络空间和高度信息化的环境,通过资源管理平台实现对人、财、物等核心资源的合理配置与规划等,如:资产管理平台模块,通过 RFID 标签自动识别技术与校园现有系统实现数据对接,把校园资产管理由被动管理转为主动管理,实现对校园贵重物品及危险品的全生命周期管理,及时掌握学校贵重资产分布情况和使用状况,帮助学校管理人员提高资产的盘点效率和准确性。

借助计算机和网络技术在常规管理的基础上，实现对学校管理、教科研、生活服务等校园信息的收集、处理、传输和应用，管办一体服务中不断追求精与细，落实责任，减少管理占用的资源，降低管理成本，实现效益的最大化，这是社会分工和追求服务质量的必然要求，是一种理念，也是一种文化。

2. 数据整合管理

关于幼儿学籍管理的建设工作，与市、区幼儿学籍管理平台形成数据对接，保障幼儿基础数据客观、准确、唯一、有效。

以幼儿发展为核心，基于不同领域的评价数据管理，实现内部应用模块的数据互通，实现应用平台与硬件、物联感知设备、其他数据智能采集设备的数据互通。

基于幼儿发展评估评价体系，基于不同应用平台，将智能设备采集的过程性数据、客观评价数据和主观评价数据进行整合，形成基于幼儿成长的综合画像。

3. 教师专业发展

研究教师专业发展的评价指标，开发基于园本培训的在线培训课程，建设基于校本研修的教师工作坊，同时与区本培训、区本研修、区本专项认定、骨干培养形成呼应，打造符合科技幼儿园特色的教师专业发展体系，基于录播设备和图像视频分析技术对课堂教学行为实现主、客观综合评价，生成教师全生命周期发展报告、全面促进教师的教学思维品质、教学能力等综合素养的提升。

四、科技智慧幼儿园特色创新

科技幼儿园聚焦幼儿培育发展与核心素养提升，依赖于物联网、人工智能等互联网新技术与教育产业的融合，打造一个园所、家庭、社会相互连通的开放场景，形成人、资源、空间为一体的教育生态环境。主要创新点如下：

1. 打造健康稳定的校园生态

基于互联网新技术的发展，为幼儿提供更环保的玩中学幼儿活动环境，为幼儿提供身体状态的监测与预警，为幼儿提供更均衡的饮食搭配，为幼儿提供更安全的校园环境,把健康和安全落到实处,让家长更放心。

2. 打造"乐·玩"一体的教育场景

基于互联网新技术的发展,为玩中学提供更丰富的呈现形式,为玩中学协作提供更多元化的路径,为玩中学体验提供更真实的活动情境,为玩中学评价提供更丰富的工具和方法,为玩中学情况的分析提供更清晰的可视化呈现,深度挖掘幼儿在玩中的学习兴趣和学习潜能。

3. 打造"家·校"联动的开放平台

基于互联网新技术的发展,为园所-家庭的联系建立直通的桥梁,为家长提供更多参与园所学习、活动、协作的机会,为学校提供更丰富的外部专业人力资源储备,为学校提供更有价值的社会实践资源,让幼儿更早地接触社会、融入社会,让家长更懂得如何与幼儿相处并共同成长。

4. 打造"管·办"协同的服务体系

基于互联网新技术的发展,为幼儿培育提供更具领导力的管理团队,为幼儿培育提供更具专业能力及核心竞争力的师资,为幼儿培育提供更有效用的管理工具,为幼儿培育提供更合理的资源配置,为幼儿培育提供市区对接的基础数据服务,为幼儿培育提供更全面的综合画像及精准的数据分析,服务于"只因幼儿而改变"的办园理念。

4. 上海市杨浦区本溪路幼儿园信息化建设与应用标杆园创建计划

上海市杨浦区本溪路幼儿园为上海市示范性幼儿园，现有一园四部，44个班级，1357名幼儿。"自主活动教育"是本园办学特色，"模拟真实社会"幼儿社团活动是本园的特色课程，本着"顺应自然人、培育社会人、着眼未来人"的教育观，开展自主活动教育，培育"健康快乐、自主自信、会学习善合作、讲文明有爱心"的幼儿。

一、本溪路智慧幼儿园建设目标

本溪路幼儿园结合实际工作需要，发现当前对信息化工具和应用的迫切需求主要体现在幼儿园安全、日常保教工作高效管理、幼儿教学资源共享、幼儿发展评价、教师专业发展等方面。

1. 建立更好的幼儿安全保障体系，保障幼儿在园安全

利用智能接送、监控设备、环境管控等一系列软硬件设备系统的结合，安全信息能够通过家校互通模块实时向家长推送。在特殊时期做到对幼儿的健康情况进行监控、预警和上报，实现园所安全管理的采集、追踪、展示、预警和报警完整过程。

2. 立足幼儿发展评价，打造云端"虚拟社团"，聚力幼儿全面发展

利用信息化工具与技术，拓展园所特色课程社团活动，在实体社团活动的基础上，打造"虚拟社团"。

（1）建成高效、灵活的远程视频会议交流渠道

建设多方在线会议系统，提高日常会议和沟通交流的工作效果和效率，避免一园四部共同开展的社团研修受到时空限制，降低时间和物质成本，实现高效的资源共享和教育管理。

（2）加强优质社团活动资源积累，助力幼儿全面发展

建设常态化录播室，将教师们围绕幼儿发展而设计的社团案例、活动手段及内容记录下来，通过学习平台实现资源共享。以社团活动应用为中心，创新教学模式和方法，推动信息技术与社团活动的深度融合，提高社团活动品质，最终促进教师专业发展和幼儿全面发展。

（3）健全幼儿成长综合评价体系

以社团活动评价为切入点，关注幼儿在活动中的兴趣、注意力、参与度及其解决问题能力和学习迁移能力的展现，并通过信息化手段，收集汇总评价数据，解决现阶段教师传统评价方式存在的诸多问题，突破难点，满足需求，鼓励教师探索多元主体评价的实践，将幼儿、家长、社区共同引入评价体系，建立常态机制。

3. 充分利用数据积累形成师生数字画像及园所数据透析，推动幼儿与教师个性化成长

幼儿方面：与系统中的各类模块及物联设备的软硬件相结合，实现各类幼儿发展数据采集汇集。再通过数据建模进一步挖掘完成幼儿数字画像的输出，形成幼儿学习成长记录数据仓库，通过数据管理、指标引擎等可视化呈现幼儿数字画像，为幼儿发展提供数据参照，为每一个孩子提供发展评价服务。

教师方面：根据所采集的信息进行数据比对获得数据标签，从而进行反馈评价，为教师提供有针对性和个性化的意见和调整内容，明确自身的专业发展目标，为提高教师教育教学能力的发展提供服务，形成相关方面的教师数字画像。教师阶段性成长后反推日常保教，形成良性闭环。

二、本溪路智慧幼儿园建设思路

目前，借助全国学前教育信息系统的数据直报平台、上海学前教育网园园通平

台,本园基本实现了市、区、园的三级管理和纵向沟通,实现了家园之间的横向交流,实现了网上家园互动。本园遵循"教育的主导性、技术的先进性、应用的简便性、信息的安全性、模式的推广性"指导思想,以绿色、发展、安全和育人为本为宗旨,优化与提升幼儿园以虚拟社团等特色课程为核心的各类应用体系,将原有软件系统、硬件设备资源进行流程再造,在新技术的运用及最底层的基础外墙平台的推动下,构建一个智慧校园统一管理的数字平台,通过这些应用体系的常态化应用,从幼儿发展与园所保教管相关业务出发,真正实现园所各项工作的增效减负(如图1)。

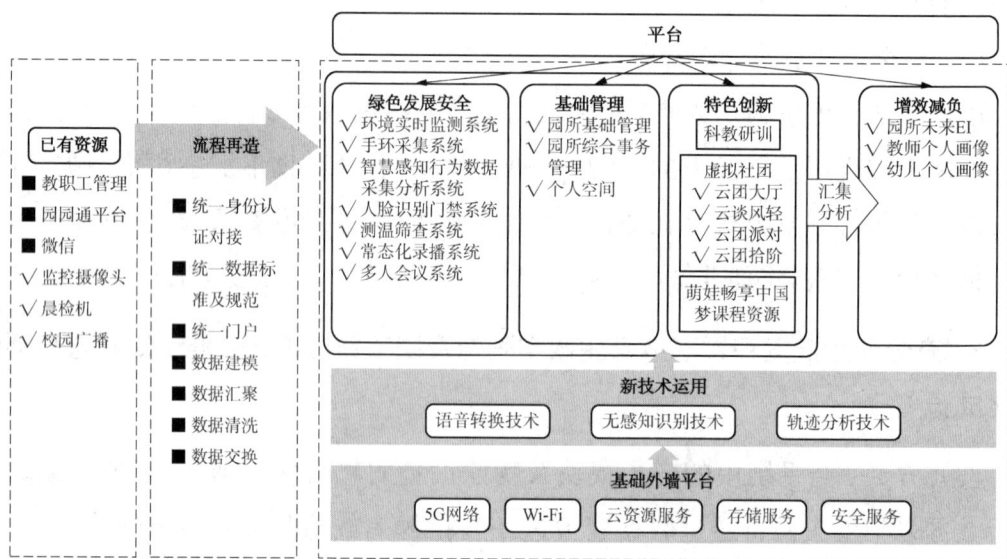

图1 本溪路幼儿园智慧校园统一管理数字平台示意图

三、本溪路智慧幼儿园建设内容

本项目的总体架构是以基础数据支撑,以统一的门户作为顶层设计,以应用模块、物联网设备、设施联动形成大系统平台。系统拟建内容及架构如图2所示。

1. 统一的门户

为幼儿园应用提供统一入口,实现统一身份认证、单点登录、同步和统一管理,

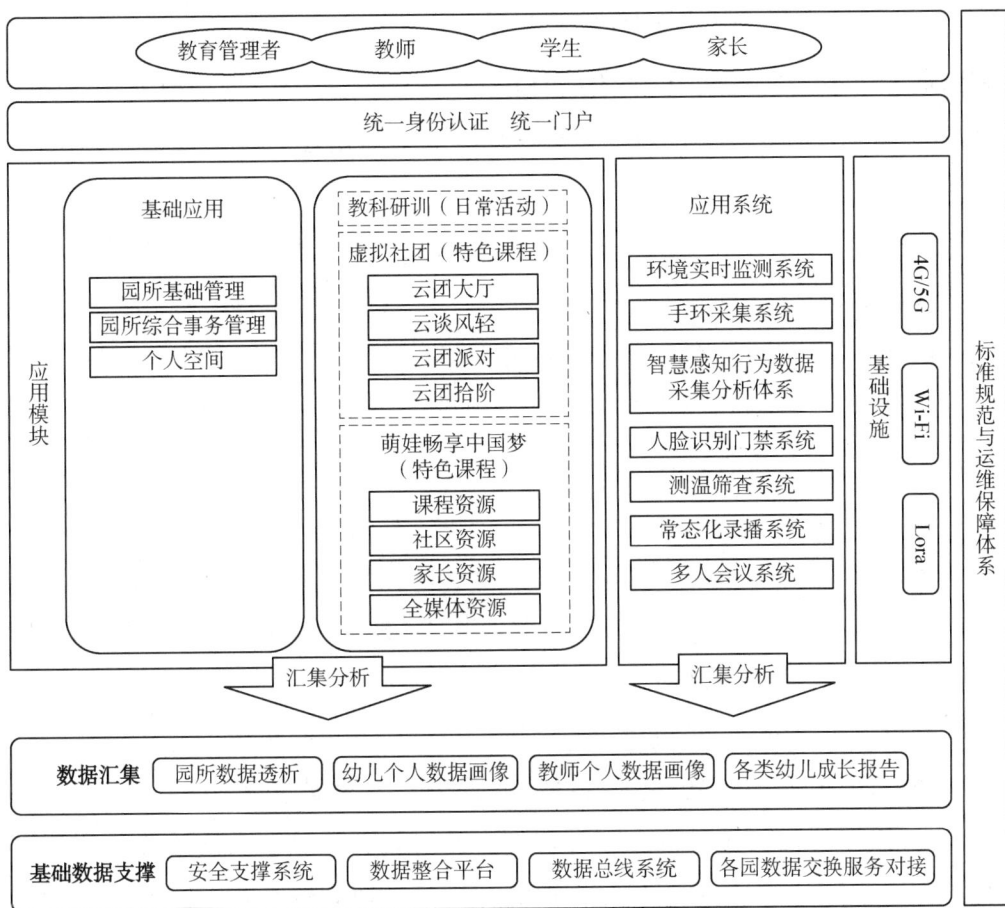

图 2　本溪路智慧校园内容及总体构架示意图

开发应用接口,定制标准的接口规范,为第三方应用提供接入服务,在业务中心中实现对第三方应用访问的权限管理、产品管理等。

2. 园所应用模块

（1）基础管理

通过教职工管理、园所管理、幼儿信息管理、基础管理等模块协助幼儿园的管理人员去整体维护幼儿园的人员基本信息及其人员架构,对每一个模块的使用权限进行设定,将整个系统维系起来,保障幼儿园日常工作的有序开展。

（2）园所综合事务管理

内部邮件及通知公告、日程工作计划管理、申购管理、内部请假管理、在线保修管理、会议预约管理、自定义审核流程管理、会议管理、园所资产管理、易耗品管理子系统、通知公告等应用集成，利用信息化手段协助教师高效地完成日常除教学以外的工作事项，对于幼儿园管理人员实现统一的精细化管理。

（3）个人空间

教师空间内集合了系统内所有与教师相关的信息，教师进入该页面后可进行日常工作、教研、班级管理事务的处理；幼儿个人空间与绑定的家长关联，家长用户登录后可查看所有与幼儿在相关的系统中信息，家长进入该页面后可进行各类通知、公告的查看，完成各大模块发布的任务（如问卷、活动打卡任务等），这可以帮助教师更为有效地进行班级管理。

（4）教科研训

满足教师专业发展目标、教学设计（教案）、课程担当、备课、观评课、随笔、个人荣誉、教师培训等各项教育教研工作需要。各模块中所产出的教案、公开课视频、教学资源可在校本范围内进行共享并进入资源中心。教师参与教研活动次数、培训结果、科研成果等内容作为教师的教研行为轨迹进行保存，并且作为教师评价及绩效考核的重要依据，同时也是教师数字画像的重要数据来源。

学校可根据教育人才评价标准去自定义设置教师在教研科研工作中所需要完成的数量以及对应的积分值。教师在选择相应的教研目标后（如见习教师目标、学科带头人目标）依据目标要求去完成相应的教研任务，并且实现任务进度可查询、可统计、可追溯。最终汇总"教师空间"多个方面的完成情况的展示，分析统计教师在教研工作中各项任务的完成情况。

在此过程中，教师可以结合多方的信息，进行自我学习、自我反思、自我调整，从而多方合力，有效提升教师的专业能力。

（5）虚拟社团

通过云团大厅、云谈风轻、云团派对、云团拾阶四大板块串联园所虚拟社团开展，贯穿全园开展社团活动的课程管理、开课、选课、课程开展、教师课程设计、教学资源积累、幼儿表现评价的整个过程。教师在其中进行课程设计，并在社团活动中进行教学授课，提高个人信息化素养的同时积累教研数据。课程开展时相应资源内容的分享能有效地积累园所的优质资源。教师可结合综合素质评价对幼儿在社团活动中的表现进行评价。幼儿的社团选择情况与表现情况将汇集至学生的数字画像中。园所与家长之间建立桥梁,支持通知、问卷、实践任务、评价推送等多种互动功能。

虚拟社团的建立,让幼儿园特色活动与家庭教育更加紧密融合,实现真正的家园共育,引导家长更为有效地观察幼儿、指导幼儿,也帮助教师更好地发现幼儿在不同时期的行为表现,给予更有针对性的指导。

(6)萌娃畅想中国梦

该模块围绕"中国梦"主题提供一个在线课程平台,同时也汇集园所精品课程资源、社会资源、家长资源、全媒体资源。提供校本课程与资源的管理功能,可根据幼儿学段、资源类型对课程进行创建及维护,提供相应的教学资源内容上传功能,其中视频课程还能够支持打点提问。幼儿学习课程后可根据其课程查看或互动情况形成幼儿的学习轨迹数据,最终成为幼儿综合发展评价与个人画像的数据来源。

3. 应用系统

智慧安全管理系统利用计算机、智慧环境管控、手环与无感知技术,利用硬件设备实现校园安全、家校沟通、信息采集、校园信息化等多种校园应用。其中环境监测系统、人脸识别门禁有效地确保幼儿园的安全,实现园所整体环境的监控与预警。手环采集系统与智能行为数据采集分析系统主要针对幼儿发展的数据采集,结合园所原有的综合素质评价系统实现幼儿的行为追踪与采集。常态化录播系统运用先进的多媒体设备将本园的教学内容予以有效的整理与保存,形成具有本园特色的校本课程资源库。多人会议系统解决本园集团化办学跨园所交流困难的问题,打破空间限制进行有效的管理与协作。

4. 基础设施(网络)

构架园所一体化、安全、高可用、弹性可伸缩的校园网络基础设施;实现校园内有线、无线或未来的5G网络全覆盖,提供泛在接入和泛在信息服务,支持各类终端接入;建成简易配置、简便管理、简捷维护的网络系统环境;部署可测、可观、可控、可管的网络管理服务,实现园所网络的精确测量、精细管理、精密控制;网络应用的动态感知,提供个性化和精细化服务。

5. 数据汇集

通过对幼儿学习情况大数据仓库进行数据挖掘,可以得到幼儿总体的需求、目标和特征,通过将幼儿数据分类分析与描述,再对幼儿提供总结性描述,从而产生幼儿基本综合素质模型及幼儿个别化数字画像。

6. 基础数据支撑

本项目定位于建设开放的、可扩展的、可持续提供服务的智慧校园统一管理平台,可将四个园所的数据进行统一管理。同时,本平台以应用为导向,基于智慧的软硬件环境,为管理者、师生、家长提供智慧服务。在技术上,平台将基于顶层设计,基于"硬件集群、数据集中、应用集成"的建设理念,从基础环境、管理应用、教学应用、信息服务、信息标准、安全保障等层面进行整体规划,构建一个松耦合的分布式应用体系,实现各类应用在数据流、业务流、服务流界面等各层面的融合,同时利用云计算模式,为用户提供更广泛的云服务,有效节约教育信息化软硬件方面的资金与人力投入,满足教育服务应用软件的不断扩充。

四、本溪路智慧幼儿园特色创新

(一)搭建"教科研训"平台,应用线上线下融合模式,提升教师专业能力

利用视频会议系统、实时录播系统、数据采集系统等先进的多媒体技术,将教研、科研、师训等活动,与信息平台相结合,打造线上线下融合环境,为教师群体提供跨时空、跨学校、跨区域的交流服务,同时将相关的研究资料上传云端,供教师及时学习与迁移,进而实现教研成果的共享与优势互补,最大限度地扩大本溪路幼儿园作为示范园的辐射作用。

(二)立足基础性课程,建设园本化数字化课程资源,提高课程使用效益

依托创新应用平台,在幼儿园基础性课程的实施过程中,融入现代信息技术,

拓展活动课程实施途径,丰富幼儿活动内容和形式,从幼儿兴趣及发展需求入手,将生活、游戏、运动、学习等各版块活动内容进行再开发,实现线上教育与线下教育的共生发展,使幼儿能得到更多的活动体验与发展,同时吸引家长积极参与活动,实现有效的家园共育。在日常活动中,根据幼儿的发展需求,适当增加信息化设备和资源的使用,在确保控制屏幕暴露时间的前提下,提升幼儿的信息素养。

（三） 打造云端"虚拟社团"，拓展幼儿园特色课程

"模拟真实社会"幼儿社团活动是本园的特色课程,是指以幼儿为主体,以其兴趣及发展特点为基础,由幼儿自主选择参与,并具特定运作模式的活动,旨在通过"小社会"的多元因素,对幼儿认识社会、提高生活技能等产生影响。在进行信息化标杆园的创建工作中,我们以教育信息化为动力,研发社团活动的信息化运行机制,梳理实施策略,落实"虚拟社团活动",推动社团活动的突破与创新,着眼幼儿未来发展,助推教师专业发展,推动幼儿园持续发展。

通过云团大厅、云谈风轻、云团派对、云团拾阶四大板块串联园所虚拟社团开展,贯穿全园开展社团活动的课程管理、开课、选课、课程开展、教师课程设计、教学资源积累、幼儿表现评价的整个过程。教师在信息化平台中进行课程设计,并在社团活动中进行教学授课,积累分享园所的优质资源。幼儿的社团选择情况与表现情况将汇集至学生的个人数字画像中,与幼儿的综合评估、群体辩证特征、个性化发展趋势、智能预警等内容互相依托,让教师优化课程,形成一个良性的闭环。园所与家长之间建立桥梁,支持通知、问卷、实践任务、评价推送等多种互动功能。(如图3)

（四） 开发"萌娃畅享中国梦"云端共享平台，关注课程互通互享

开发"萌娃畅享中国梦"的云端平台,延伸教育传播视角,用创新的方法让幼儿园德育课程变得有滋有味,实现课程资源、社区资源、家长资源、全媒体资源的共享。同时,通过平台实现幼儿、家长、课程的实时有效互动,圆梦中国。

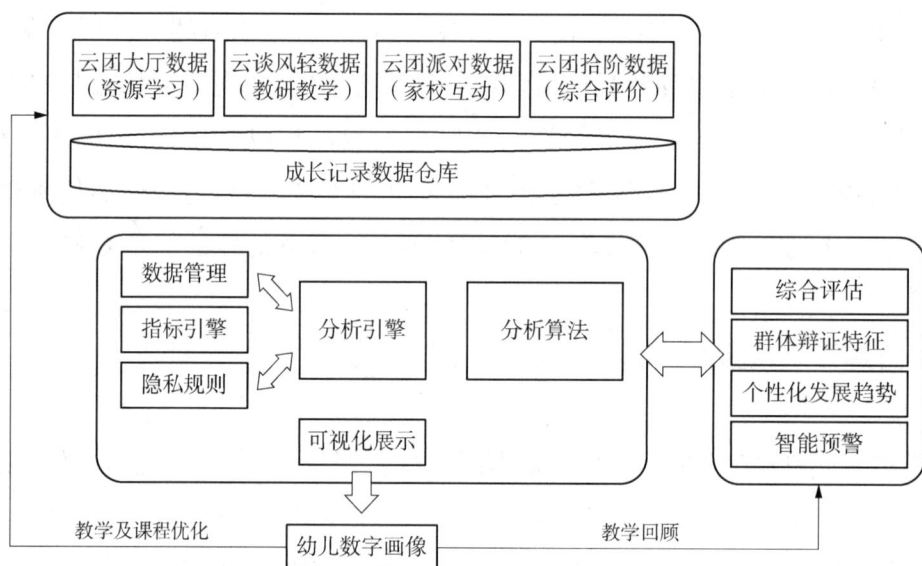

图 3 四朵云产生数据流向图

（五）幼儿数字画像数据采集说明

幼儿画像数据基于《上海市幼儿园办园质量评价指南——3—6 岁儿童发展行为观察指引》采集，分为健康与体能、习惯与自理、语言与交流、自我与社会性、探究与认知、美感与表现六个部分，能够有效地为幼儿园课程提供数据支持。

5. 上海市宝山区七色花艺术幼儿园信息化建设与应用标杆园创建计划

上海市宝山区七色花艺术幼儿园为上海市首批示范性幼儿园。目前,拥有宝山、宝林、白沙(筹建中)三个园区。以"坚持艺术育人,开启七色童年"为办园理念,以"永远争创优质,持续提升品质"为追求,突显"呵护天性,创艺启蒙,整合发展"的课程理念,积极创新、勇于突破,培养了一批又一批至真、至善、至美、至乐的健康、灵气儿童。

一、七色花智慧幼儿园创建目标

七色花智慧幼儿园围绕面临的实际问题和发展需求,从问题导向、发展导向两个维度来统筹思考信息化标杆校的建设。

问题导向:通过信息化手段来解决我园现阶段面临的一些发展瓶颈。**一是解决我园自身内涵提升的问题**。作为一所示范性幼儿园,我们一直在探索幼儿教育的内在规律,开发适宜的教学课程与教玩具,希望通过现代技术手段,解决内涵建设中的突出问题,诸如幼儿观察、精准评价、高效教研等,从而促进幼儿身心发展及幼儿园教育质量的整体提升。同时,随着白沙园总部的即将建成,一园三部的协同发展更需要信息化的智慧管理与整体布局。**二是解决办园特色品牌辐射的问题**。作为宝山中心城区内唯一的一所市级示范园,不仅承载着提供优质学前教育的使命与责任,更承担着为本区幼教系统输出教育改革理念、技术、成果和推广应用的任务。在每年幼儿入园人数增多的压力下,如何解决老百姓对优质教育资源的渴求,如何积极回应以优质园带动更多园同步共进的发展要求,这些都是幼儿园面临的重要问题。而园际间的协同发展更需要信息技术的助力。

发展导向：本区在"十四五"期间将重点推进"科创中心主阵地"的建设，我园将积极响应区委号召，坚持"科创从娃娃抓起"，突显"信息融合艺术"的理念，辅以现代科技教育的方式润养孩子的童心，将科学启蒙的种子播撒于孩子心间。在这个大数据、人工智能、互联网等新兴技术蓬勃兴起的时代背景下，在"科创宝山"的发展浪潮中，示范园也迫切需要信息化、智能化的校园改造工程，提速幼儿园现代化管理及教学进程，加强示范园品牌提升与辐射的现代化，以响应国家提出的构建高质量学前教育的号召。

基于以上思考，我们设定了自身发展与深化改革相契合的建设目标：建立一个基于幼儿发展的，以提升教育质量为目标的，涵盖教、学、研、评的园际交互式智慧支持系统。在本园实现课程资源、幼儿成长和教师发展的整体提升。在联盟园内实现教育质量的实时监控、教育资源的开放共享、教师研训的协同开展等（如图 1）。

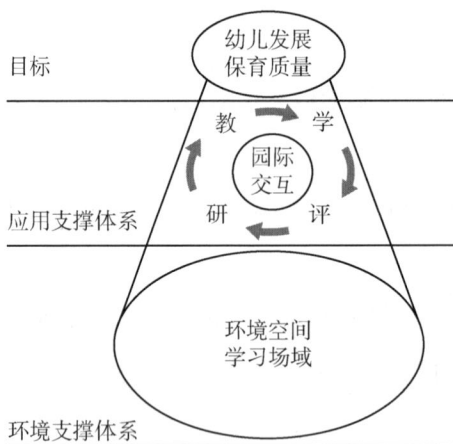

图 1　园际交互式智慧支持系统示意图

二、七色花智慧幼儿园创建思路

本园的建设思路是：顶层规划、统筹协同、利旧挖潜、课题引领、机制保障。

1. 顶层规划

为了建设以提升教育质量为目标的园际交互式智慧支持系统,需要在启动项目之初,对本园以及区域内各园在教育质量提升过程中呈现出的信息化需求进行整体详尽的调研分析。在此基础上,聘请资深专家和专业团队,依据调研需求及结果,结合项目建设的总体目标编制本园《信息化建设三年规划(2021—2023 年)》,作为项目建设的方案依循。

2. 统筹协同

2021 年,宝林园区将进行校安工程,白沙园总部作为区教育局打造的本区学前教育的地标工程,已全面投入建设,其项目配套设计与施工纳入标杆校一园三部的统筹布局与建设中。我们将与基础建设项目的管理单位和设计施工单位充分沟通,在综合布线、网格网路架构、多媒体终端配置、专用学习空间打造、信息化产品选购与开发等方面进行统筹协调。

3. 利旧挖潜

本次标杆校建设,本园将秉承充分利用园内已有硬件设备的建设原则,发掘已有设备的使用潜力并加以重点推广应用,减少重复投资。同时充分利用宝教网、宝山教育云等上级单位基础设施与专业性较强的网络和虚拟化云主机管理,充分借力市区级平台以及较成熟的信息化产品,加大应用落地,从而将幼儿园的主要精力集中在幼儿观察评价与园际交互式智慧支持系统的设计和建设之中。

4. 课题引领

本次标杆校建设,涉及区域内十余所参与推广项目的第一批核心基地园和数百名教师,将面临技术和操作层面的诸多挑战,我们将激发教师变革的内生动力,突破瓶颈,迎难而上。通过课题研究与项目引领的方式来挖掘教师潜能。且本园市级课题"幼儿园教育质量园际交互式监控的实践研究"的研究成果已被列为《宝山区学前教育三年行动计划(2021—2023 年)》的推广实施项目之一,这将有效推动我们的园际交互式智慧支持系统建设与实施。

5. 机制保障

本次标杆校建设，我们拟通过外购服务的方式，降低建设成本和风险。通过第三方专业团队与本园的信息化管理团队共同构建保障应用系统稳定安全运行的技术运维和安全监控机制。

三、七色花智慧幼儿园创建内容

本项目以同伴互助、协同发展为价值引领，探索建立一个基于幼儿发展，以提升教育质量为目标，涵盖教、学、研、评的园际交互式智慧支持系统，该系统包括应用支撑体系和环境支撑体系。应用支撑体系包含一体化数据仓库、幼儿观察与个性评价、新型系列教育资源建设、教师研训方式变革、"一网三平台"创造性落地、数字化养育空间建设、园际教育质量交互式评价等七大建设内容（如图2）。

（一）建设一体化数据仓库，构建基于幼儿成长全过程的数据融通体系

着力构建一个可供园际共享的，对本区各园现有的主要应用软件进行整合的小型化信息共享基础架构，实现以下效果：

1. 用户数据融通。使用市教委统一的身份认证，对各园的所有应用系统的账户密码和登录体系进行整理。

2. 业务应用融通。所有的应用，根据业务类别，聚合在一个应用门户中。每个用户可访问自身权限授权下的所有应用软件系统。

3. 过程数据融通。实现数据与应用的融合互通：建立数据标准规范统一、数据收集能力强、数据通道顺畅的教育数据中心。提供数据共享服务，整合应用系统平台；使用大数据计算平台和大数据治理平台对数据源的数据进行采集、加工、汇总、提升，实现数据的标准化及一致化，建成初具特色的教育服务数据应用生态系统。

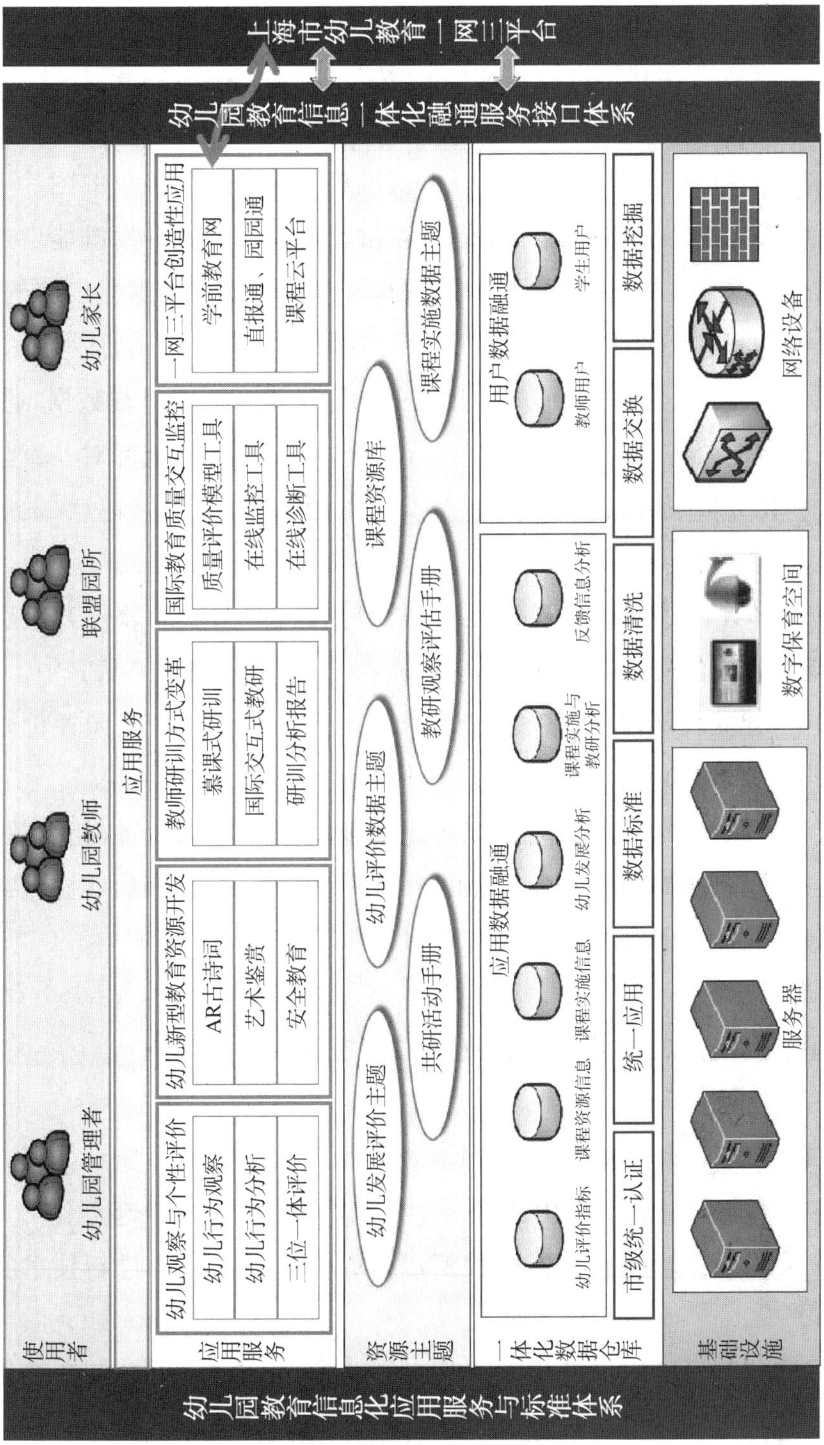

图 2　幼儿教育质量提升平台框架体系

上海市幼儿教育一网三平台

幼儿园教育信息一体化融通服务接口体系

使用者： 幼儿园管理者　幼儿园教师　联盟园所　幼儿家长

幼儿园教育信息化应用服务与标准体系

应用服务

幼儿观察与个性评价	幼儿新型教育资源开发	教师研训方式变革	国际教育质量交互监控	一网三平台创造性应用
幼儿行为观察	AR古诗词	素课式研训	质量评价模型工具	学前教育资育网
幼儿行为分析	艺术鉴赏	国际交互式教研	在线监控工具	直报通、园园通
三位一体化评价	安全教育	研训分析报告	在线诊断工具	课程云平台

资源主题

幼儿发展评价主题　幼儿评价数据主题　共研活动手册　教研观察评估手册　课程实施数据主题　课程资源库　用户数据融通（教师用户、学生用户）

一体化数据仓库

应用数据融通　市级统一认证　统一应用　课程资源信息　课程实施信息　幼儿发展分析　幼儿评价指标　数据标准　课程实施与教研分析　数据清洗　反馈信息分析　数据交换　数据挖掘

基础设施

服务器　数字保育空间　网络设备

（二）实现优质教育质量的幼儿观察与个性化评价系统建设

1. 幼儿行为观察。**一是无感观察系统的运用。**运用信息设备在专用活动室对幼儿一日生活的各环节及学习过程进行无感观察。所有设备采集的图片和视频信息均在平台中进行汇总分类存储。**二是智能教玩具的设计。**开发既能增进幼儿体验又便于无感数据采集的智能教玩具，通过其与专用活动室信息化设施的交互，实现幼儿学习行为和过程的无感记录，为师幼互动增添更丰富多元的体验。

2. 幼儿行为分析。针对无感观察收集的幼儿学习及活动过程数据，通过AI技术在后台进行智能分析，并与教师评价进行综合对比，最终形成针对儿童学习及活动过程的数字化分析报告，包括幼儿在各类活动中的参与度、兴趣点、发展差异及合作能力等。

3. 三位一体评价。将幼儿观察研究与"七色成长"APP的软件升级后同步推进，将无感观察获取的幼儿学习记录数据，直接导入"七色成长"APP中。在观察、记录和解读中，建立教师评价、家长评价（家中观察和"预约券"入园评价）、幼儿自我评价（幼儿音频、视频、图文表征）三位一体的评价模型。

通过家园共同记录与评价，后台聚合生成曲线图及雷达图，依托大数据描绘、追踪幼儿的发展轨迹，对幼儿实施精准的个性化发展评价，为今后实施精确的个性化教育，构建详实完备的在线评价工具。

（三）创建丰富幼儿成长体验的系列性教育资源

本园前期开发了"幼小衔接优质网络教学示范课"（7期）、"七色育儿"家园联动网络课程（5期）、线上艺术赏析课程（10期）、"和艺术名家一起创作"（10期）等一系列课程，在此基础上持续丰富课程资源，构建课程体系，通过新技术实施课程开发与更新。

同时，本园将利用AR技术开发幼儿文学鉴赏、小小考古家、安全教育等体验课程，在数据仓库的支撑下，打通数字课程和平台之间的数据共享，助力保教实施，并在信息技术支撑下加大特色课程资源的辐射力度。

（四）提升教、学、管水平的"一网三平台"创新应用

市教委建设开发了"一网三平台",提供了丰富的学习、游戏、运动及生活资源,还包括家园沟通等教、学、管功能。本园将优先使用这些公共基础设施平台及资源并加以创造性应用,将应用情况纳入我园的质量评价和教学研讨中,大力提升"一网三平台"的应用水平,扩展其应用场景,探究它和园本应用平台数据之间的互联互通。

（五）建设"科创艺术"发展的数字化保教实施空间

1. 打造数字化专用学习空间。目前,本园已着手建设"数字化儿童艺术体验中心(二期)""数字博物馆""数字艺术长廊"等专用学习空间,在白沙园总部规划了"数字艺术创作和表演室""数字书籍阅读馆"等新型专用活动室。在确保原功能的基础上,利用 VR、AR、行为识别、物联网、数字创作等信息技术赋能教育,打造适宜学前幼儿体验的"科创艺术"学习新空间。

2. 保育及安保等级的不断优化。通过 AI 技术的融入,升级构建"幼儿 AI 看护"系统,为幼儿打造更安全的成长环境。其主要应用场景如图 3 所示。

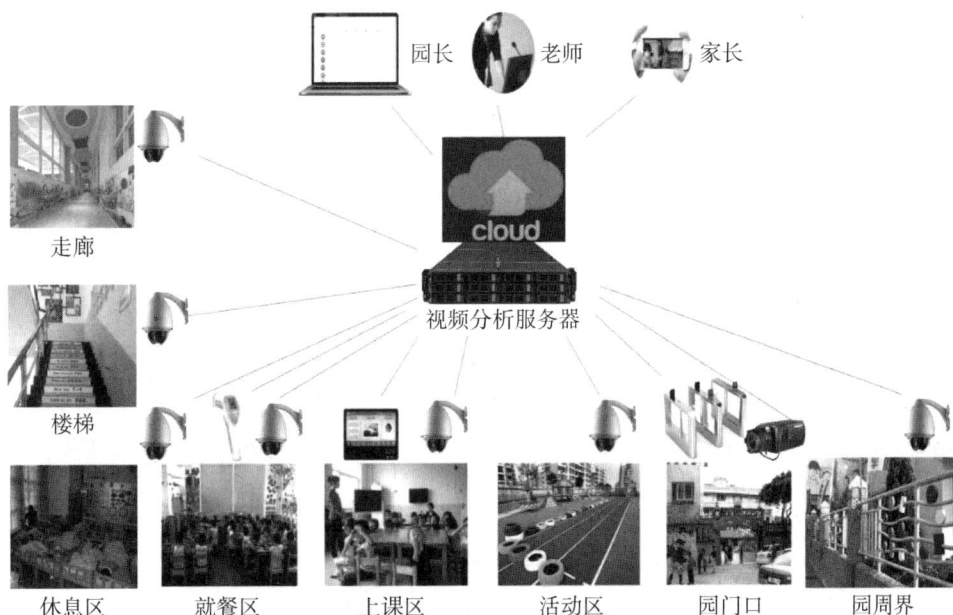

图 3 "幼儿 AI 看护"系统应用场景示意图

利用智能设备实现针对幼儿摔跤倒地的识别、烟火报警、入睡脱岗检测、安全防护报警等自动化功能，全面提升园区的安保等级。

（六） 架构提升教师专业发展品质的新型研训方式

开发基于信息技术的新型研训方式，解决三个园区教师教研共享的现实问题。

一是小型"慕课平台"建设。借鉴市信息化教育应用经验，开发一个小型化、个性化、区域化的"慕课式"的教师学习体系：支持手机和网页访问，利用碎片时间进行学习；各园教师可注册获取研训资源的访问权，在达到一定积分并获得认证授权后，可自主创建个性化公开课程；我园开发的"陶行知教育思想引领下的幼儿园教师'养心育德'实践演练微课程"及后续数字化教师研训课程，可全部提供访问；各学术网站下载的专业资料，在版权许可的前提下，可上传平台供教师使用；平台提供网盘式工具，让教师整理、归档和暂存学习资源；对教师的线上研训活动进行记录和评价，并按学期生成教师研训学习的总结分析报告。

二是课程质量园际交互的"三段式教师研评流程"构建。以园际共研的方式对各园的个别化学习活动、运动等课程实施质量进行交互研讨和评价，实现"晒、研、合"的三段式教师研评流程。即组长指导轮值园制定开放活动计划、轮值园开放活动、联盟园观摩活动、借助评价工具进行课程实施质量的自诊互诊，平台汇总聚合生成课程质量的诊断报告，提供各园可借鉴的优化改进建议。如此循环往复，在平台上形成对课程实施质量的把关，并不断的积累数据与案例，供各园共享并优化改进自身实践（如图4）。

（七） 开发区域教育质量提升的园际交互式评价系统

搭建幼儿园教育质量园际交互式监控的信息共享平台，一方面运用幼儿发展的评价工具获取幼儿评价数据，将课程从建立到实施的数据做信息化整合。另一方面，从平台的使用者，即幼儿园管理者、教师、联盟园之间，实现评价信息和课程资源的共通共享，强化评价结果的深入解读与实践应用（如图5）。

通过平台的建立，运用大数据实时多维监测课程实施对于幼儿发展和教师发

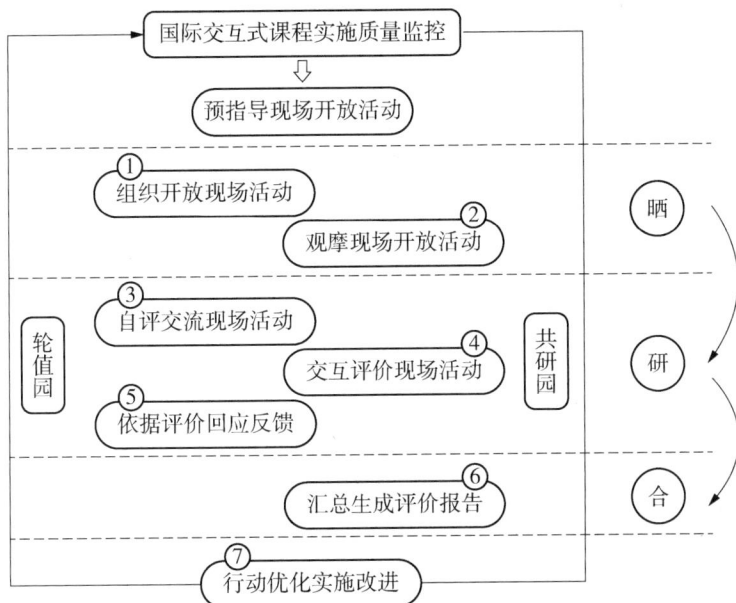

图 4 三段式教师研评流程

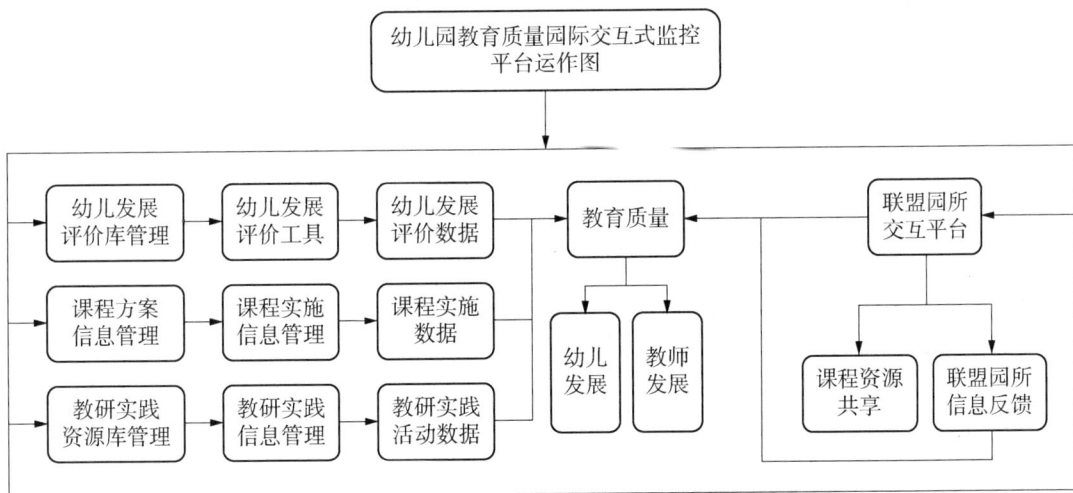

图 5 幼儿园教育质量园际交互式监控平台示意图

展的成效,并通过平台在区内幼儿园广泛应用,促进幼儿教育在质量评价、监控和诊断方面的改革。内容包括:教育质量在线评价模型和软件工具、教育质量园际在线监控工具、在线诊断工具以及幼儿园教育质量改善点的在线式追踪与回溯工具(如图6)。

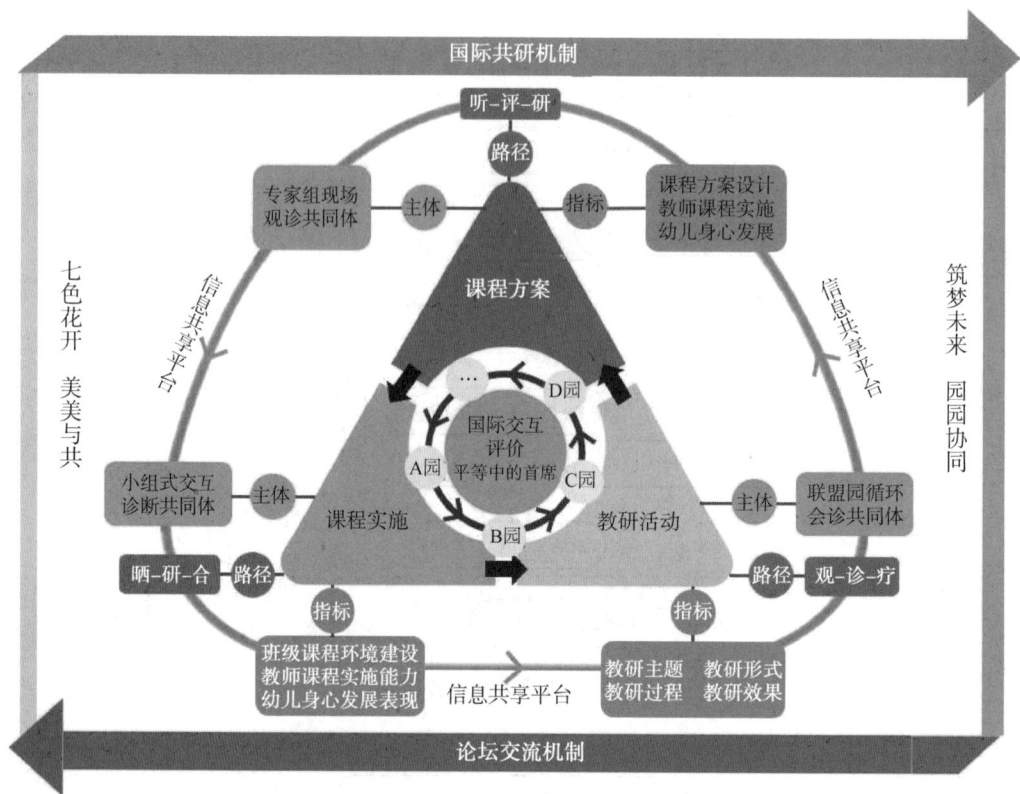

图 6　幼儿园教育质量园际交互评价框架

四、七色花智慧幼儿园特色创新

（一）聚焦幼儿观察与个性化评价，呵护儿童天性

通过观察及探索幼儿成长规律，用个性记录和数据分析方式把以往单纯的书面记录转化为多维记录。通过个性评价探索幼儿教育的内在规律，把以往单纯的书面评价转化为三位一体的多维评价记录。开发设计满足幼儿个性发展的教玩具，促进幼儿身心和谐发展和幼儿园教育质量的整体提升。

（二）聚焦教研优势打造特色课程，筑梦儿童未来

以信息技术助力教研方式的转型升级，发掘教师专业成长的内生力量，完善课

程教育资源,研发与完善多媒介、体系化的数字课程资源,开发适合幼儿年龄特点的生长型课程,建立与之配套的学习场景,将幼儿、课程与生活相连接,将现实和虚拟环境相整合,从而改变幼儿的学习生态。

（三）聚焦评价变革探索园际交互,实现美美与共

通过信息化工具对区域内实验基地幼儿园的教育质量进行全方位建模,开展实时、交互的教育质量评价和诊断,以互晒、同研、共生的模式,抽取各园较优的课程内容及共性特质,形成每园可借鉴的、易于教师观察的幼儿典型行为描述指标,在信息化的助力下,通过科学评价,形成优化教育行为的思考点,进而改进教育行为,提高课程实施质量,实现区域教育质量的整体带动。

6. 上海市闵行区爱博果果幼儿园信息化建设与应用标杆园创建计划

上海市闵行区爱博果果幼儿园是上海市一级园,现有 17 个班级,四百三十多名幼儿。幼儿园秉承"多元融合,'阅'享童年"的课程理念,创设了温馨童趣的班级环境、互动体验式的走廊环境、特色鲜明的活动室环境和自主野趣的户外环境,让幼儿在充满童趣与挑战、选择与互动的多样环境中生活、游戏、学习。

一、爱博果果智慧幼儿园建设目标

爱博果果幼儿园在已有数字化管理平台建设的基础上,基于统一的技术架构、标准与环境,对幼儿园健康、课程、安全管理有关的信息资源进行全面的数字化整合和集成,从幼儿发展、科学保教、管理变革三方面推进幼儿园信息化建设与应用。具体预期目标包括:

1. 基于保教配合构建幼儿园健康管理系统,优化幼儿园健康管理的方式和流程,建立幼儿健康大数据库,形成多维度、综合性、过程性的幼儿健康发展分析与评价,建立上下联动、多部门协同的幼儿园健康分级管理与预警防控机制,优化保教行为和管理策略,助推幼儿管理评价融合创新。

2. 基于课程特色构建幼儿园多元阅读系统,创设丰富、立体的数字化阅读环境,探索互动、多元、好玩的阅读方式,记录、分析幼儿的阅读兴趣,支持幼儿多元学习,让幼儿获得丰富的阅读体验。

3. 基于精细化管理构建幼儿园智能安全系统,规范幼儿园安全管理流程和标准,实现"成熟的管理体系 + 实用的管理工具",打造"可感知"的智能安全生活环境,全面提升幼儿园的安全管理效能。

通过三个系统的建设,不断完善以突出幼儿健康成长为主体,以"保教结合"的核心任务为主线的幼儿园数字化智慧平台建设,探索各系统数据的融合互通,提升教工队伍专业素养和信息素养,让幼儿获得多元的成长体验和健康全面的发展,增强家园互动,提升幼儿园管理品质。

二、爱博果果智慧幼儿园建设思路

以"为每个幼儿的健康幸福实施快乐的启蒙教育"为基本指导思想,聚焦幼儿的健康管理、多元阅读特色课程、安全管理三个领域,从幼儿成长发展、家园共育、园所支持管理三个方面出发,借助于新技术丰富量化数据的有效采集,从不同维度建立科学可靠的数据分析模型服务于教育管理决策,建立家长和幼儿的信息化通道,打造一个园所、家庭互为一体的教育生态空间。创建思路如图 1 所示。

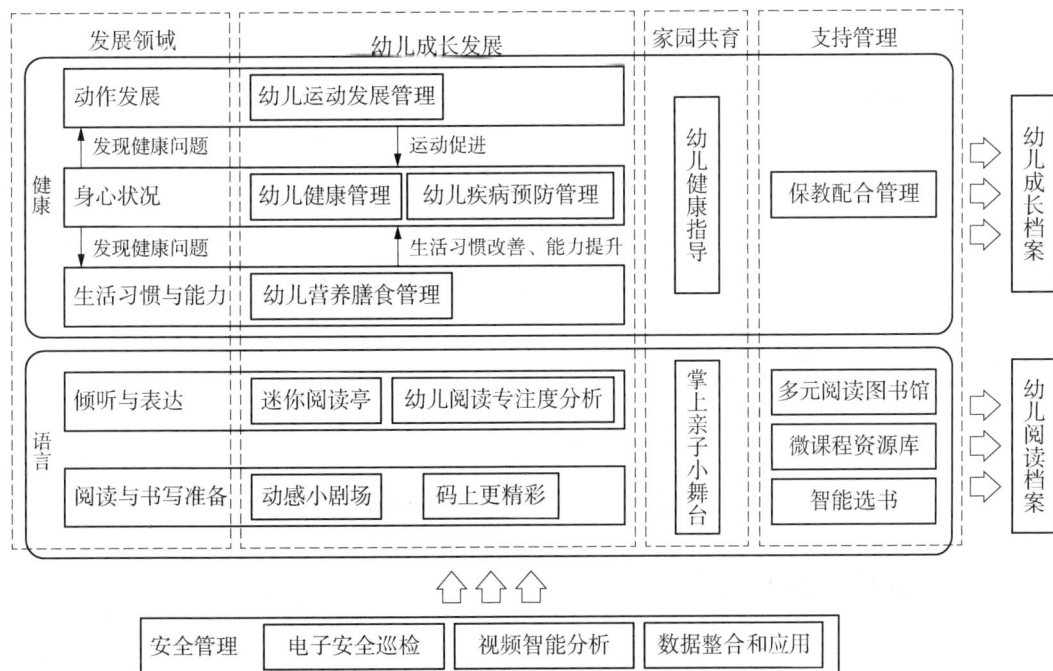

图 1　智慧幼儿园创建思路图

三、爱博果果智慧幼儿园建设内容

依托市、区两级平台,通过对健康管理系统、多元阅读系统、安全管理系统三个方面的创新应用建设,从管理者、教师、幼儿、家长等不同角度设计智能、多元、安全的幼儿教育环境,立足幼儿发展、科学管理、家园共育,力求建设科学规范、安全高效、操作便捷、灵活可扩的幼儿园信息化管理平台。

(一) 构建幼儿园健康管理系统,保障幼儿健康成长

从幼儿日常健康管理、幼儿生长发育、幼儿疾病预防、幼儿营养膳食、体能与动作发展、健康指导、幼儿成长档案七个部分,组成一个支持幼儿园保育员、保健人员、教师和家长进行科学育儿,集幼儿健康数据的采集、查询、统计、预警、健康指导等功能于一体的幼儿健康管理平台。通过课题开展幼儿园健康管理平台应用和大数据支持下家园协同优化幼儿健康管理策略的研究,从不同层面合作开展幼儿健康管理策略调整优化、指导、宣传教育、解答互动等。具体如图 2 所示。

1. 幼儿健康管理

通过对幼儿出勤、晨检、全日观察、健康体检等环节的过程性管理,建立系统完整的幼儿园健康档案。通过标准化、规范化管理手段,实时了解、动态跟踪幼儿健康状态,并提供个性化管理、干预、指导机制,保障幼儿健康成长。

2. 幼儿疾病预警管理

建立规范的幼儿园疾病发现与预警、跟踪与管理、宣传与预防流程体系,构建完整的疾病预防管理和防护措施,提升幼儿园疾病预防管理的实时性和有效性。

3. 幼儿体质与动作发展

(1)体质与动作发展数据管理。通过运动手环、智能传感器、视频分析和移动终端等技术,建立集采集、整理和分析为一体的幼儿运动能力大数据库,从速

服务群体：幼儿　教师　幼儿园　家长　教育局

服务渠道：教育局管理端　幼儿一日数据收集应用端　幼儿园管理端　家长服务端

应用业务层：

幼儿园健康管理平台

幼儿日常健康管理：幼儿入园离园　幼儿晨检　幼儿缺勤跟踪及上报　幼儿全日观察　幼儿健康测评　幼儿个案管理

幼儿生长发育：身高体重　视力　龋齿　血尿常规　基础数据

幼儿疾病预防：报告与预警　消毒隔离　传染病例管理　家长指导

幼儿营养膳食：菜谱配置与管理　食堂出入库管理　营养分析预审核　每日用餐管理

体能与动作发展：速度与灵敏　力量与耐力　平衡与协调　精细动作

健康指导：幼儿四季保健……

幼儿成长档案：幼儿疾病预防　健康基础数据　日常健康管理　生长发育　体能动作发展

全区幼儿园管理　幼儿园和教职工人员管理　教育局数据中心数据对接　卫计委数据对接服务

云服务平台：

服务能力：数据共享服务　短信验证服务　指挥监控大屏　数据采集汇聚服务

数据：幼儿园信息库　教师库　工作人员库　幼儿简项库　机构评价库

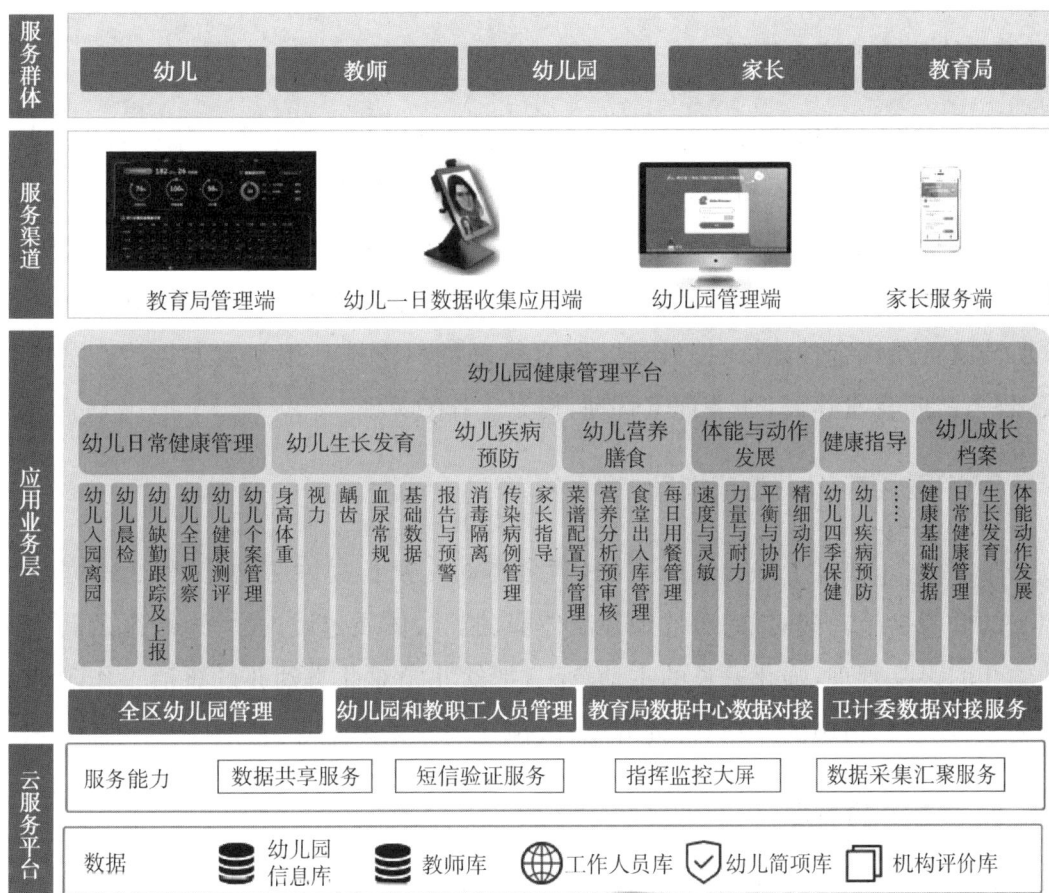

图 2　幼儿园健康管理系统示意图

度与灵敏能力、下肢力量、平衡与协调能力、上肢力量、柔韧性、心率等全方位反映幼儿运动能力，监测体质状况，数据直接关联到平台，实时显示各项测评结果报告。

（2）运动分析调整。在数据分析基础上，发现幼儿运动能力发展的规律，形成更全面的认识、更精准的分析。根据各年龄段幼儿动作发展特点，调整活动安排和环境材料，提升运动环境创设的科学性，梳理观察要点，提高教师观察的目的性，优化幼儿园运动组织与实施的策略，实现精准化教学、个性化教学。

同时，将运动实测数据与健康的指标进行测量对比，构建幼儿生长发育模型，关注幼儿的运动机能与生长发育的内在关系。

4. 幼儿营养膳食管理

构建幼儿园食物的营养含量库,建立标准菜谱库和食品仓库进销存管理应用。根据幼儿膳食营养需要和喜好,科学配置每周菜谱,同时为家庭晚餐提供建议;根据特殊观察期儿童(肥胖或体弱儿童)的身体指征定制个性化方案,通过对幼儿膳食的跟踪和管理,形成完善的幼儿饮食跟踪记录、调整预警、汇总分析,并对幼儿发育所需膳食给出合理建议,提升幼儿膳食管理的科学性。相关数据与放心食堂对接,规范我园食堂建设,加强食堂管理,提升工作效率。

5. 家园共育-幼儿健康指导

医教结合,通过十二大健康主题,为全体幼儿家长提供与幼儿健康、家庭养育相关的健康指导。同时,针对性地开展体弱、肥胖、体质过敏、发育迟缓以及其他特殊幼儿的跟踪管理,强化家长的主动意识,把幼儿园对此类幼儿的矫治工作延伸到家庭,实现干预措施的互动、咨询解惑、干预互动效果评定等。

6. 保教支持管理

及时发现幼儿晨检缺勤、营养膳食、健康体检等数据中出现的有价值的问题,进行幼儿园健康水平、特需个案、保育质量的分析与研究,建立每所幼儿园和全区幼儿园的预警与监测体系,做到早发现、早预防、早控制,优化科学、适度的保教行为,提升幼儿保教管理品质。

7. 幼儿健康成长档案

幼儿入园记录基础健康数据,了解幼儿的健康状况;动态实时汇总幼儿每日出勤晨检、全日观察等数据,系统跟踪幼儿健康动态;分析幼儿健康体检、运动数据,发现幼儿成长规律,便于家园共同跟踪与管理,并形成幼儿在园完整的健康成长档案。

(二)构建幼儿园多元阅读互动系统,支持幼儿多元学习

通过电子图书室的建立和我园多元阅读课程研究的不断深化,依托人工智能、

互动投影、现代通信、智能控制、数据汇总等信息技术手段,探索立体、互动、多元的阅读方式,优化多元阅读教学过程,为幼儿创造开放式的阅读生态空间,实现家庭阅读氛围的形成,以此拓展阅读内涵,让幼儿获得更多的阅读体验,满足孩子的各种阅读需求。内容主要包括实体书阅读系统、数字化阅读系统、游戏化阅读系统、阅读分析平台等四大模块(如图3)。

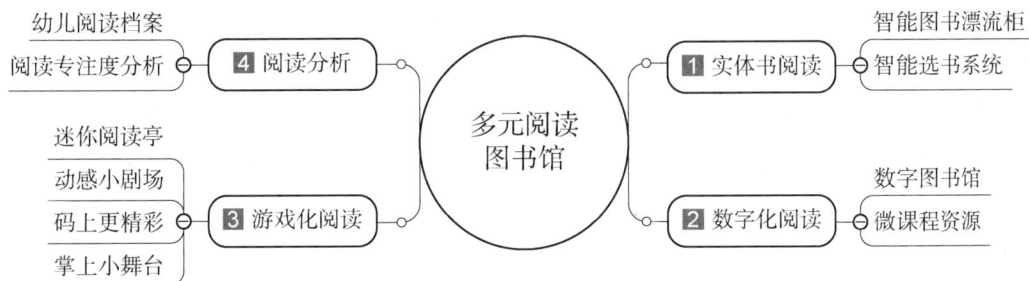

图3 幼儿园多元阅读系统构思图

1. 多元阅读图书馆

依据我园多元阅读课程的生活体验阅读、图书媒体阅读、艺术表演阅读内容,建立融合各年龄段的阅读作品、艺术作品和生活情景体验资源的数字化多元阅读图书馆。通过智能图书漂流柜、选书系统,帮助教师、家长、幼儿根据年龄、领域、主题实现一键智能选书功能,使图书的投放更有针对性,并对幼儿园整体藏书是否科学合理进行评价。

2. 动感小剧场

运用互动投影技术打造动感小剧场,通过平台中光影投射的虚拟故事场景和幼儿的肢体表演发生实时感应交互,增加阅读体验和表演的情境性、趣味性。

3. 码上更精彩

利用电子图书馆数字资源和二维码技术,让幼儿无论在幼儿园的哪个角落,只需拿出平板"扫一扫",就可以让园内图书、花草树木、玩具材料等在数码设备上动起来,开展项目式阅读、探索和体验活动。

4. 迷你阅读亭

借鉴唱吧的方式,创设迷你阅读亭,为幼儿建立一个可以动态阅读、配音、录制、分享、交流的多元阅读互动系统。

5. 掌上小舞台

结合我园亲子阅读社团活动,通过录播系统,记录并播放幼儿(或亲子)通过阅读后多元表达的作品,如看图讲故事、故事表演、童话剧表演、绘画作品等,为幼儿搭建表达表现的平台,拓展幼儿的阅读空间,吸引更多的家长参与亲子阅读。

6. 微课程资源库

借助微课程这一形式,积累经典多元阅读活动课例,梳理多元阅读策略和方法,丰富幼儿园课程,为幼儿自主阅读和亲子阅读提供指导。

7. 幼儿阅读行为分析管理

利用视频采集和人工智能分析,对幼儿阅读喜好、情绪、专注度等进行分析,不断完善教师教学方法、精选阅读活动方案,促进幼儿身心发展。

8. 幼儿阅读档案

对幼儿阅读图书的数量、阅读时间、对作品的理解与表达表现、阅读习惯与能力评价等进行记录和汇总,形成过程性的幼儿阅读档案,并自动与幼儿成长档案对接,便于家长和教师了解其阅读习惯和阅读能力情况。幼儿阅读档案呈现方式包括图片、微视频、音频和表格文字等。

(三) 建构幼儿园智能安全管理系统,提升安全管理精细化

立足于幼儿园安全规范化、精细化管理,运用数字交互平台整合各种安全技防设备数据,进行视频智能分析,开展安全巡检等,通过完善的管理体系和实用的管理工具,规范安全管理流程,将安全风险降到最低,最大限度保障幼儿在园安全。

1. 电子安全巡检

基于智能终端和人脸识别技术实现幼儿园安全巡检工作。每天将安全巡检任务以待办工作形式推送给老师和相关负责人,通过自检和抽检的方式,对幼儿园室内外场所、设施设备、活动安全等区域开展定时定点的实时巡检,并将传统繁杂的纸质报表转变为线上实时监测的系统分析报表。管理者通过信息流转的方式,随时看到巡检情况和安全管理执行情况,提升园所安全管理效率。

2. 视频智能分析

对幼儿园内走廊、活动室等重点部位视频监控进行智能视频分析处理,及时发现异常问题,对预发事态进行感知、预判,并及时通知管理责任人,提前采取相应的预防措施,防止事故发生;对幼儿异常行为预警(如在走廊奔跑、打闹、摔倒等),保障幼儿安全;对教职工不规范行为预警,规范、有效地实施课程,开展一日活动。

3. 数据整合和应用

运用数字交互平台,将电子围栏、重点部位视频监控、报警系统、消防系统等进行整合,把相关数据集成在一起,通过 PC 端或移动端发送给相关人员,实现一点对多点、多点对多点、多点对一点的实时监测与干预,形成一体化、多功能、实时性的动态管理。

四、爱博果果智慧幼儿园特色创新

(一)数据化驱动,形成更科学高效的幼儿健康管理评价流程与标准

在综合分析幼儿园健康工作的性质、要素、内容、方式的基础上,充分利用信息系统强大的整合力量,将一日保教工作中与幼儿健康相关的各个环节,整合到同一个平台上,有利于全面了解幼儿园的健康工作,对其实行全程性的跟踪,可以实现:**更加便捷的流程、更加通畅的沟通、更加智慧的管理、更加个性的指导**,解决幼儿园

健康管理最核心的三大问题，即预防幼儿健康风险、跟踪幼儿健康动态、指导健康育儿观念。最终将形成基于大数据的区域幼儿健康管理平台，建立标准化、规范化健康管理流程，在区内公民办幼儿园推广运用，为幼儿开展健康服务与管理，提升我区幼儿园健康管理的品质。

（二）多形式阅读，满足幼儿多元学习方式的需求

基于幼儿的年龄特点和学习特点，幼儿园多元阅读系统的开发和运用，最终将形成一个以 web 方式和移动终端访问，依托人工智能、互动投影等信息技术手段，为幼儿提供立体、丰富的阅读环境，优化特色课程形态，探索建构体现游戏性、多元性和互动性的阅读互动平台，让幼儿在"可听、可看、可玩"的阅读过程中，拓宽幼儿多元学习途径，获得更多的阅读体验和成长体验。

利用多元阅读大数据的智能分析，反哺教师课程的研究与实施，积累并共享课程资源，从而促进教师专业发展，丰富课程内涵。同时，打造形成幼儿、家长、教师三位一体的阅读共同体，拓宽亲子阅读渠道，提升家长阅读指导能力和幼儿阅读能力，推进"悦读·阅快乐"理念在家庭中的渗透。

（三）智能化分析，提升幼儿园安全管理精细化水平

系统将幼儿园现有的各种安全技防系统、设备数据、日常安全巡检情况等集成汇总，建立实时性、动态性、全面性的安全管理流程，并通过智能分析可对预发事件进行感知、预判和及时干预，安全风险降到最低，最大限度保障幼儿在园安全，提升幼儿园安全管理水平和实效。

（四）整合园所系统平台，助推幼儿园教育改革融合创新

整合园所不同平台系统的数据资源，加强数据采集、存储、加工、分析的一致性处理，为幼儿园提供一体化、个性化、优质化的教育信息服务，提升健康环境，落实安全保障，开展科学保教。

基于互联网新技术的发展，在园所、家庭间建立直通的桥梁，为家长提供更多的参与园所学习、活动、协作的机会，为幼儿园提供更丰富的社会资源，指导家长如何与幼儿相处并共同成长。构筑部门协同、家园合作的幼儿健康教育生态网，努力实现"幼有善育"。

7. 上海市金山区罗星幼儿园信息化建设与应用标杆园创建计划

罗星幼儿园是上海市金山区第一所市示范幼儿园,现有新安部和金龙部两部,共 24 个班级,734 名幼儿,101 名教职工人。作为金山区学前教育"领头羊",罗星幼儿园以"田野实验室"和"玩美画廊"遥相呼应,彰显"玩·美"罗幼的办学特色,以智慧园所赋能"幼有善育",为幼儿一生幸福奠定基础。

一、罗星智慧幼儿园建设目标

罗星幼儿园遵循"畅玩创美,乐享生活"的办园理念,在区域学前信息化应用相对领先的基础上,运用物联网、云计算、大数据、人工智能等新技术,实现幼儿成长数据的采集、管理、呈现、应用,达成"为每个孩子提供更适合的教育"的总目标,具体表现为:

(1)智能园务管理,保障健康安全。运用信息技术提升园所在安全、人员、资料、能耗、环境等管理方面的效能,为幼儿提供更舒适安全的生活环境,让幼儿的身体更健康,让家长更放心。具体体现为:运用信息化平台实现日常办公业务的规范化、精细化管理,包括幼儿园绩效管理、玩教具管理、财务管理、资产管理、课程资源管理、幼儿一日生活管理、教科研管理、教师网络研修管理、园所安全管理等,逐步实现园所管理的数字化转型。

(2)精准数据驱动,科学保教实施。基于信息化技术发展,为幼儿提供更丰富、更生动、更有趣的学习内容,为幼儿提供形式多元化的活动环境,为幼儿行为数据的采集提供更丰富的手段和工具,为幼儿成长情况呈现更精准的数据画像,为挖掘幼儿发展潜能、科学的个性化保教提供数据支撑。全面提升教师的信息素养、应用水平和智慧教育实践能力。具体表现为：借助物联网、大数据和人工智能等技术，在数据授权使用的前提下开展对幼儿认知、情感、态度和行为等多方面的发展研究，实现基于大数据的多维度综合性的智能化分析与评价，并根据评价结果为幼儿提供个性化教育方案。结合研究情况将课题研究过程和成果融入到园所保教工作中。

（3）创建卫生保健预警系统，实现伴随式儿童健康管理。运用智能化设备完成幼儿园每日晨检、全日健康观察、体质监测、膳食配餐、卫生消毒、疾病预防控制等方面的工作，保障幼儿健康成长。具体表现为：应用智能化晨检设备、远程无感体温筛查和健康管理平台等信息化手段，实现幼儿晨检数据的自动采集与上传，保证数据的互联互通，提升园所晨检工作的效率和科学性，提升疾病防控的能力。建立园所传染病自动监测、预警系统，运用信息技术统计分析幼儿因病缺勤和疾病症状等信息，设定预警标准，实现幼儿园传染病的早期发现和及时处置。

（4）创新家园互动，开拓共育空间。基于互联网新技术的发展，拓宽家园共建的空间，让家园沟通更畅通，家园共育内容更丰富、家园互动形式更新颖，并指导家长如何与幼儿相处并共同成长。具体表现为：基于家园互动平台开展线上育儿交流和协作，家园共同收集幼儿成长信息（如幼儿作品、活动照片、幼儿评价表和相关文字记录等），建立富有个性的幼儿电子成长档案，呈现幼儿成长的发展历程、发展水平和发展特点，提升家园合作效率。

二、罗星智慧幼儿园建设思路

智慧幼儿园建设紧紧围绕"为每个孩子提供更适合的教育"的目标，以幼儿园"保、教、管"等核心任务为主线，在园所管理、保教实施、卫生保健、家园社区四个方面开展建设，重视对幼儿成长数据的有效采集与分析，同时结合教师的主观评价最终形成关于幼儿发展的数字画像，为科学的个性化保教提供数据支撑。创建思路如图 1 所示。

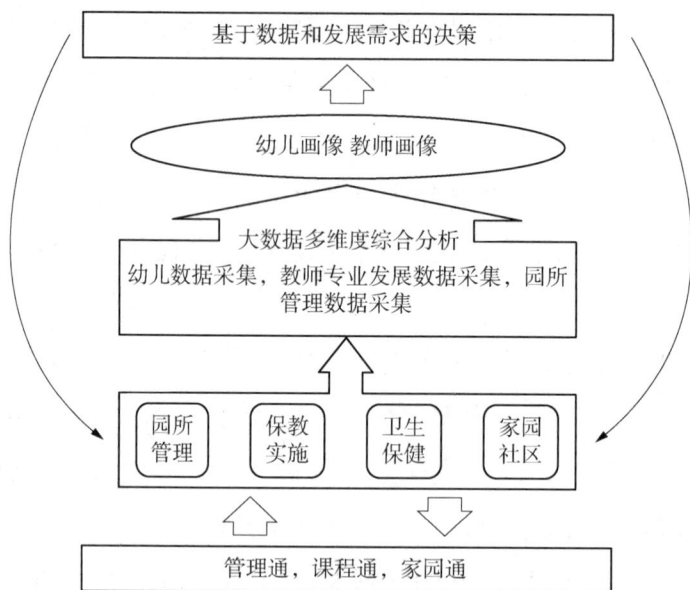

图 1 智慧幼儿园创建思路图

三、罗星智慧幼儿园建设内容

依托市、区两级平台,通过对智慧管理、智慧保教、智慧保健、智慧家园四个方面的创新应用建设,围绕幼儿发展、教师发展、园所发展三个维度,利用物联网、大数据等信息技术为支撑,引领并推动幼儿园信息化发展,最终建成完整统一、技术先进,覆盖全面、应用深入、高效稳定、安全可靠的智慧幼儿园。整体设计如图 2 所示。

(一)信息技术支撑下的智慧管理

智慧管理由智慧平安园所建设、智慧数据管理中心、综合管理系统等构成,形成统一的用户管理平台。

1. 智慧平安园所建设

合理利用现有的校园监控系统,建设统一管理和人工智能的智慧校园安全监

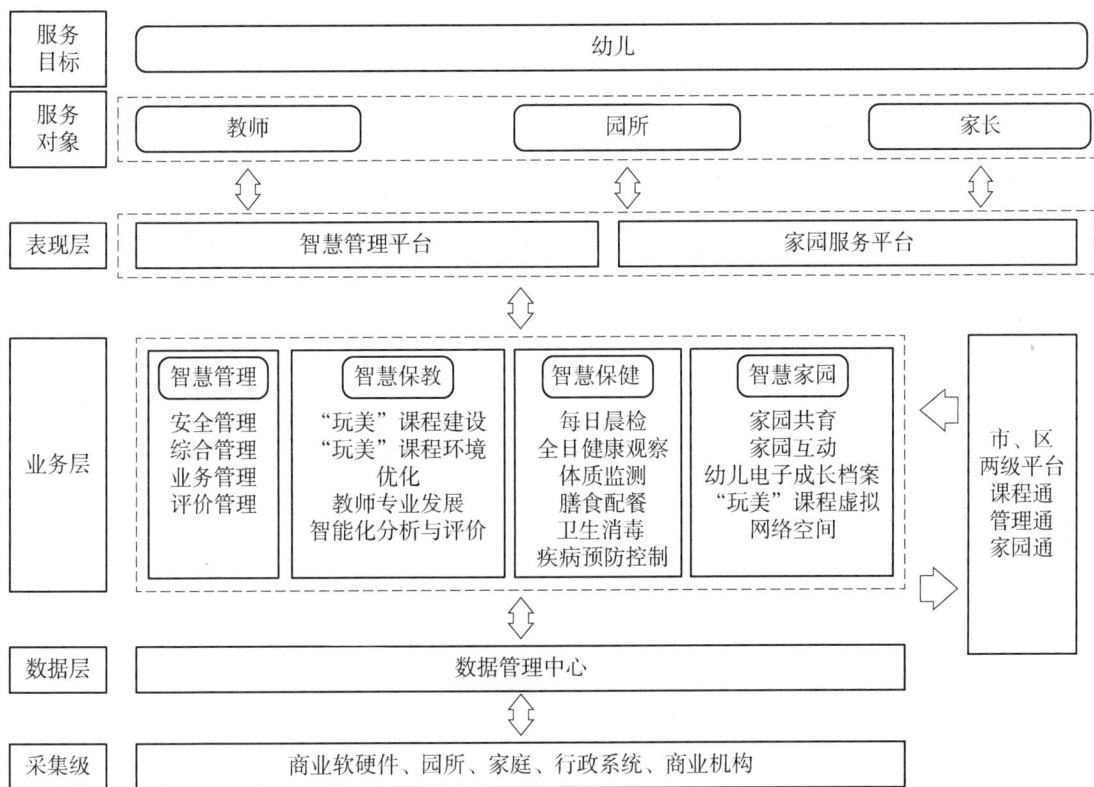

图 2　智慧幼儿园整体设计图

测和跟踪系统。如现有的周界报警系统、消防报警系统、园内摄像监控系统等统整合一,实时监控,让管理人员实时掌握园所运营情况,确保安全。

2. 智慧数据管理中心

提供全园统一标准的基础数据管理、资源数据管理、数据同步服务和数据管理服务,帮助园所提升数据质量,强化数据管理能力。数据管理中心是基于上海学前教育网的管理通平台,具备开放性,能够满足软件的二次开发和第三方应用接入的需求。对接上海学前教育网的大数据系统,探索上海市幼儿园信息化建设指南在本园的落地和应用探索。

3. 综合管理系统

围绕园所日常工作开展,建立智慧管理平台。包括:综合管理、业务管理、评价管理等。

（1）综合管理。实现园部服务类应用（如通知查询、用车申请、购物申请、工资查询等）和管理类应用（维修报备、档案、资产等）。

（2）业务管理。包括各类活动安排、会议安排、排课安排、家园互动安排、调休统计等，提供全园教学的过程管理等，形成服务园所整体管理与运营的一站式服务平台。

（3）评价管理。

幼儿画像：建立幼儿过程性数据综合分析平台，采集学习、健康、安全、心理等数据，打破以往实践中数据及平台互不相通的瓶颈，将不同维度、不同方式采集的数据交叉汇总，结合教师主观观察经验对幼儿进行综合分析，形成基于大数据的个性化幼儿数字画像，深度挖掘数据在幼儿个性化发展上的意义，为每一个幼儿提供个性化的保育指导意见，实现"为每个孩子提供最适合的教育"办学目标。

教师画像：采集教师教学、科研、管理等方面的信息，形成教师大数据，建立教师数字画像，进行教师大数据挖掘，支持学校决策，改进教师管理，优化教师数据的采集和应用。

（二）信息技术支撑下的智慧保教

依托信息化平台建立科学、丰富教育教学资源库；打造低结构、游戏化、互动型、体验型的智慧保教校园；探索、建立互联网模式的无边界幼儿教学新模式，让幼儿在感知体验、实际操作的模式下获得健康发展。

1. 基于信息化背景下的"玩美"课程建设

我园作为金山区市级课题"区域化幼儿园田野活动课程的架构与实践"研究的领衔园，承担了侧重于艺术领域的"田野之美"子课题的研究，以此初步形成"玩美"教育特色。

"玩美"课程建设内容：

依托市、区平台创新应用，升级建设具有本园课程特色的数字化课程资源，以"共建共享"模式丰富和优化"课程通"的各类课程资源，提升优质数字化课程资源的使用效益。

➢ 建设案例一：芭蕉树的四季轮回

幼儿园中庭,有一棵芭蕉树,每一年能长 2 米多高,一年一个轮回。我们期望通过设置多角度观察设备,自动定时摄影等技术记录芭蕉树一年的变化。让幼儿从动和静两个角度来观察世界,通过记录的视频给幼儿展现芭蕉树在不同季节和气温下的生长变化。同时设计围绕芭蕉树的变化开创相关课程活动,让孩子体验大自然与生命的关系。

➢ 建设案例二：植物的观察箱

在田野实验室、种植区增加多种不同的植物种植观察箱,每个观察箱设置定时观察设备,记录植物生长的过程。通过放置在观察箱旁边的荧幕呈现该植物从种子到现在的快速生长过程,观察箱具有植物土壤的水分和肥料的提示显示系统。让孩子根据系统提示为植物浇水、施肥、调整光照等,通过植物的变化,深入体验自然环境的改变对植物的影响。

➢ 建设案例三：自然的画布

本园有一长块种植田地,通过多个观察设备顶视记录幼儿种植过程和种植结果,将各个多维度观察记录画面合成一个整体呈现,让孩子看到平时看不到的角度,同时可以让所有孩子协同合作,种植不同颜色、不同排列的植物,创作出一幅大自然的创意美术作品。

2. "玩美"课程环境优化

为幼儿提供健康丰富的生活和活动环境,利用信息化打造和优化"玩美"课程环境,包括户外环境和室内环境等,拓展幼儿学习空间,激发幼儿乐学善学、用于探究、勤于反思的终身发展核心素养。

➢ 建设案例四：智慧长廊

建设智慧长廊,通过无感数据采集、人工智能等信息化技术,进行出入园所人员的分流管控。在幼儿入园时可对幼儿进行无感签到,智能语音系统以卡通形象的方式与幼儿交流,引导幼儿通过语言、肢体动作与之互动,配合老师进行无感晨检、智能签到。幼儿园一日活动皆课程,在当前疫情防控常态化的背景下,家长只能送幼儿到大门口,如何让教师更好地了解幼儿的情绪并给以疏导,显得尤为重要。

3. 基于课程实施保障的教师专业发展

全面提升教师的信息素养、应用水平和智慧教育实践能力。运用"课程通"备课工具和在线资源，创新在线教育形式，开展线上线下融合式的教育活动，提升在线教育水平，为传统的幼儿教育活动赋能。依托市、区平台创新应用，共建具有本园课程特色的数字化课程资源，以"共建共享"模式，丰富和优化"课程通"的各类课程资源，在共建的过程中，提升教师的信息化素养。

（三）信息技术支撑下的智慧保健

基于幼儿身体健康、运动发展和膳食营养三大领域，发挥"园园通"管理平台的数据管理功能，构建罗幼幼儿成长数据采集平台。配备智能化晨检设备，无感采集、自动记录、动态监测幼儿的身体健康状况，实现幼儿考勤和晨检数据自动记录，实时预警，提高园所安全与卫生保健管理效率。

（1）健康检测：健康、晨检等数据采集和分析汇总至幼儿画像，助力提升保教人员一体化管理幼儿的效率。

（2）运动管理：运动数据采集和分析汇总至幼儿画像，指导保教人员实时监测幼儿运动状况，给予运动指导与调整。设想引入运动手环，并融入数据系统。

（3）营养配餐：营养数据采集及统计，横向和纵向的比较分析，对于幼儿个人的营养摄入的数据采集和分析汇总至幼儿画像。根据幼儿成长数据画像针对性地为幼儿提供个性化配餐。

（四）信息技术支撑下的智慧家园

构建家园一体化服务平台，形成家园互动、家庭教育指导、家长之家、虚拟空间等线上线下融合的互动渠道。幼儿园将有效运用"家园通"移动端等家园共育平台开展家园社区工作，通过调查问卷等积极了解家长的育儿需求与困惑，开展多种形式的线上交流活动，共同促进幼儿的发展。

1. 传递正确的家园共育理念

应用好"家园通"移动端、"育之有道"、"上海学前教育网微信"等支持家长科学育儿,向家长传递实时的幼儿教育资讯、科学的育儿理念和优质的亲子互动资源,宣传防病和保健知识,指导防病和保健方法。

2. 及时有效的家园互动

根据幼儿画像,及时、有效地与家长交流幼儿在园活动内容及健康、情绪、行为等状况,给予幼儿家庭针对性指导。基于"家园通"互动平台创新拓展应用场景,引导家长参与线上育儿交流和协作,共同收集幼儿成长信息,建立富有个性的幼儿电子成长档案,减轻教师家园沟通的负担,提升家园合作效率。

3. "玩美"课程虚拟网络空间

设想案例:创建虚拟美术馆——线上虚拟美术馆以罗幼建筑空间为虚拟场景,可让每个孩子与家长在自己熟悉的虚拟空间中,走入名家画展、金山农民画展、海派画展、罗幼画展等不同的主题画展,幼儿及家长既能欣赏各种绘画艺术作品,又能通过语音、照片、视频、绘画等不同表现方式进行评价表述,亦可将幼儿自己的作品放入班级展示区,让每一位线上观众欣赏,也可进入线上教学区,让家长与孩子参与教学活动。

四、罗星智慧幼儿园特色创新

罗星幼儿园基于学前教育信息化应用的顶层设计,遵循整体构思、分步落实的原则,用好用足"上海学前教育网""园园通管理平台",借助"管理通""课程通""家园通"等云应用,丰富教学资源和教学情境,增强教师与幼儿、幼儿与幼儿的互动交流,再造教学流程,重塑课堂教学模式。

信息化赋能我园共同性课程与特色课程建设,重点解决全过程动态采集生活、游戏、运动、学习和侧重于艺术领域的"田野之美"子课题研究的田野特色活动数据,记录幼儿的行为数据,通过建立科学的数据模型分析平台,生成精准的幼儿成长画像;通过幼儿成长画像数据来为管理、保教、保健、家园共育提供科学的指导策略,更好地为幼儿实现个性化服务,为实现数据驱动的科学个性化保教做出探索和实践,使我园"玩美"特色课程更具数据性和科学性特质。

罗星幼儿园秉承"着眼未来,智慧互动,提升品质,彰显特色"信息化建设的基本理念,始终以育人为本为核心,以幼儿园的"保、教、管"等核心人物为主线,围绕幼儿发展、技术赋能、融合创新原则,本着一切有利于孩子、有利于园所的发展为出发点,常态化运用市级、区级已有平台,创新融入幼儿园发展特色,引领并推动幼儿园信息化发展。

后　记

受上海市教育委员会委托,在上海市教育委员会信息中心、上海市教育委员会托幼工作处的指导下,由上海市教委信息中心学前教育信息部(以下简称信息部)牵头编制的《上海市幼儿园信息化建设与应用指南(试行)》(以下简称《信息化指南》)从起步研究到最终文本颁布、书稿出版,经历了整整六年。这是集上海学前教育人集体智慧的成果。在此,我们由衷感谢给予支持和帮助的每一位专家和老师。

感谢上海市教育委员会信息中心总工程师朱宇红、上海市教育学会幼教专业委员会前主任委员何幼华,他们20年来在研判学前教育与信息技术融合的总体发展趋势方面坚持引领,指导信息部通过多个国家级、市级实践研究课题项目的攻坚,逐步明晰上海学前教育信息化的总体架构和技术实现路径。

感谢华东师范大学李锋携团队参与并完成了文献研究和信息化应用现状调研工作,为建构上海市幼儿园信息化建设与应用指南指标体系提供了可借鉴的国内外经验和相关的理论依据,以及帮助信息部更全面地了解本市幼儿园信息化建设与应用现状,以提高《信息化指南》中指标体系的可用性和适用性。

感谢上海市教委信息中心学前教育信息部茅红美、汪志超、李震宏,上海市教育委员会信息中心林懿,上海财经大学汪洋,他们依托上海市20年来积累的学前教育信息化建设与应用的实践与研究成果,严谨设计,反复听证,最终研制出一套适用于本市各级各类幼儿园的《信息化指南》。

感谢十六区教育局幼教科积极组织本区试点园参与《信息化指南》的效度、信度检验,并进行试用性的实施研究。

感谢张民生、尹后庆、黄琼等诸多专家,感谢上海市闵行区教师进修学院蔡志刚、上海市静安区安庆幼儿园温剑青、上海市徐汇区科技幼儿园汪瑾等老师们,他们为《信息化指南》建言献策，并从科学性、体系性、实用性等角度对《信息化指南》认真修改把关。

感谢上海市教委信息中心学前教育信息部忻怡、汪志超、王燕、张敏、姜觅、金荣慧、张美霞等携手努力，研制出 6 个应用场景视频案例。

感谢浦东新区西门幼儿园、静安区安庆幼儿园、徐汇区科技幼儿园、杨浦区本溪路幼儿园、宝山区七色花幼儿园、闵行区爱博果果幼儿园、金山区罗星幼儿园提供了优秀应用案例，为《信息化指南》的实施落地提供示范经验。

回顾六年，还要感谢的是上海市教育委员会、上海市教育委员会信息中心、上海市教育委员会托幼工作处的领导，正是他们长期以来的执着期待与悉心指导，我们才克服了各种困难，坚持走到这里。

如今《信息化指南》终于出版问世，我们欢迎大家不吝赐教，更期望上海市学前教育信息化能更上一层楼。

上海市教育委员会信息中心学期教育信息部

2021 年 3 月